Lee Strobel

Was ist dran an Weihnachten?

W0041791

Über den Autor

Lee Strobel gewann nach einem Studium an der *Yale Law School* mehrere Preise als Gerichtsreporter der *Chicago Tribune*. Anschließend war er nacheinander Pastor der zwei größten Gemeinden in den USA – der *Willow Creek Community Church* bei Chicago und der *Saddleback Church* bei Los Angeles.
Seit seiner Entscheidung für Christus kämpft Lee Strobel gegen die folgenschwere „Vergesslichkeit" der etablierten Christen. Er setzt sich für alle ein, die große Barrieren zu überwinden haben, um sich auf den christlichen Glauben einzulassen.
Zusammen mit seiner Frau Leslie lebt er in Südkalifornien.

LEE STROBEL

WAS IST DRAN AN WEIHNACHTEN?

Aus dem Englischen von
Annette Schalk und Nicole Schol

GerthMedien

Inhalt

Wer lag an diesem ersten Weihnachten in der Krippe?

Im Nachrichtenraum der *Chicago Tribune* war es an diesem Heiligabend ungewöhnlich ruhig. Während ich an meinem Schreibtisch saß und meine Gedanken schweifen ließ, musste ich an eine Familie denken, die ich vor einigen Monaten getroffen hatte, als ich an einer Artikelserie über die ärmsten Menschen Chicagos arbeitete.

Die Delgados – die 60 Jahre alte Perfecta und ihre Enkeltöchter Lydia und Jenny – hatten aus ihrer Kakerlaken verseuchten Mietwohnung ausziehen müssen und lebten nun in einem Zwei-Zimmer-Apartment auf der West Side. Als ich die Wohnung betrat, konnte ich kaum glauben, wie leer sie war. Es gab keine Möbel, auf dem Boden lagen keine Teppiche, nichts hing an den Wänden – es gab nur einen kleinen Küchentisch und eine Hand voll Reis. Das war alles. Sie besaßen im wahrsten Sinne des Wortes nichts. Diese Armut war für mich unfassbar.

Auch die 11 Jahre alte Lydia und die 13 Jahre alte Jenny besaßen nur wenig: jeweils nur ein kurzärmeliges Kleid und darüber hinaus einen dünnen, grauen Sweater, den sie sich jedoch teilen mussten. Wenn sie im Winter die halbe Meile durch die eisige Kälte zur Schule gingen, trug Lydia den Sweater einen Teil der Strecke und gab ihn dann ihrer fröstelnden Schwester, die ihn den Rest des Weges trug.

Aber trotz ihrer Armut und der schmerzhaften Arthritis, die der Grund dafür war, dass Perfecta nicht arbeiten konnte, sprach sie dennoch voller Vertrauen über ihren Glauben an Jesus. Sie war fest davon überzeugt, dass er die kleine Familie nicht im Stich gelassen hatte. Wenn ich sie besuchte, spürte ich dort niemals Verzweiflung oder Selbstmitleid; stattdessen strahlte sie Hoffnung und Frieden aus.

Ich verfasste einen Artikel über die Delgados und ging dann rasch zu anderen, aufregenderen Projekten über. Aber während ich an diesem Heiligabend an meinem Schreibtisch in der Redaktion saß, rang ich mit der Ironie dieser Situation: Hier war eine Familie, die im Grunde nichts besaß außer ihrem Glauben, während ich alle materiellen Besitztümer hatte – aber an nichts glaubte. Und tief in mir kam ich mir so leer vor wie ihre kleine Wohnung.

Ich ging hinüber in die Verwaltungsabteilung und lieh mir einen Firmenwagen aus. An diesem Tag kamen nur wenige Nachrichten herein, geschweige denn, etwas von Bedeutung. Mein Chef konnte mich ja anrufen, wenn etwas Wichtiges geschah. Ich beschloss, stattdessen in der Zwischenzeit in die West Homer Street zu fahren und nachzuschauen, wie es den Delgados ging.

Was würde Jesus tun?

Als Jenny mir die Tür öffnete, traute ich meinen Augen kaum. Die Leser der *Tribune* hatten auf meinen Artikel hin die Delgados mit einem wahren Schatz an Geschenken überschüttet – nun besaßen sie Unmengen an Möbeln, technischen Geräten und Teppichen. Sie hatten einen aufwändig geschmückten Weihnachtsbaum, unter dem unzählige eingepackte Geschenke lagen. Daneben stand Karton über Karton mit Nahrungsmitteln sowie eine umfangreiche Auswahl an Kleidungsstücken, darunter Dutzende von warmen Wintermänteln, Schals und Handschuhen. Und obendrein hatten sie noch Spenden in Höhe von mehreren tausend Dollar bekommen.

Ich war zwar über diesen Strom der Großzügigkeit erstaunt, noch überraschter war ich allerdings von etwas anderem: Perfecta und ihre Enkeltöchter waren gerade damit beschäftigt, einen Großteil ihres neuen Reichtums wegzugeben. Als ich Perfecta nach dem Grund fragte, entgegnete sie in holprigem Englisch: „Unsere Nachbarn sind in Not. Wir können nicht viel haben, wenn sie nichts haben. Jesus möchte, dass wir das tun."

Diese Antwort überraschte mich zutiefst! Wenn ich in dieser Zeit meines Lebens in ihrer Lage gewesen wäre, hätte ich alles gehortet. Ich erkundigte mich bei Perfecta, was sie über die Großzügigkeit der Menschen dachte, die all diese Dinge gesandt hatten, und wieder überraschte mich ihre Antwort.

„Das ist wunderbar. Das ist sehr gut", entgegnete sie und deutete mit der Hand auf all die Geschenke. „Wir haben nichts getan, um das zu verdienen – es ist ein Geschenk Gottes. Aber", fügte sie hinzu, „das ist noch nicht einmal das größte Geschenk. Nein, das feiern wir morgen. Das größte Geschenk ist Jesus."

Für sie war das Kind in der Krippe das unverdiente Geschenk, das alle anderen überstieg – es war wertvoller als all ihre Besitztümer, wichtiger als Bequemlichkeit und Sicherheit. Und in diesem Augenblick sehnte sich etwas tief in mir danach, diesen Jesus auch kennenzulernen – denn ich erlebte ihn in gewisser Weise in Perfecta und ihren Enkeltöchtern.

Sie hatten Frieden trotz ihrer Armut, während ich trotz meines Wohlstands Sorgen hatte. Sie kannten die Freude der Freigiebigkeit, während ich nur die Einsamkeit des Ehrgeizes kannte. Sie blickten auf der Suche nach Hoffnung himmelwärts, während ich nur auf mich selbst blickte. Sie erfuhren das Wunder des Spirituellen, während ich an die Seichtigkeit des Materiellen gekettet war. Und irgendetwas in mir sehnte sich nach dem, was sie hatten.

Oder, um genauer zu sein, nach dem Einen, der Teil ihres Lebens war.

Während ich kurze Zeit später zum *Tribune Tower* zurückfuhr, dachte ich über all diese Dinge nach. Plötzlich wurden meine Gedankengänge jäh durch das Knistern meines Funkgerätes unterbrochen. Mein Chef war in der Leitung und schickte mich mit einem neuen Auftrag los. Ich wurde unsanft in die Wirklichkeit zurückgestoßen und schob die Emotionen, die ich während des Besuches bei den Delgados empfunden hatte, zur Seite. Und das, so dachte ich damals, war vermutlich auch eine gute Idee.

Wenn ich in den folgenden Jahren immer wieder einmal an die Delgados denken musste, bemühte ich mich darum, auf der Hut zu sein. Ich bin nicht die Art von Mensch, die sich von Gefühlen leiten lässt. Als Journalist interessiere ich mich viel mehr für Fakten, Beweise, Zahlen und die Wirklichkeit. Jungfrauen werden eben nicht schwanger, es gibt keinen Gott, der als Kleinkind auf diese Welt kam, und Weihnachten ist im Grunde nichts anderes als eine Konsumorgie, die von der Gier der Wirtschaft gelenkt wird.

Das dachte ich damals jedenfalls.

Eine neue Enthüllungsstory

Als Kind hörte ich – wie unzählige andere Kinder auch – mit weit geöffneten Augen und voller Faszination zu, wenn in jedem Jahr die Geschichte über die Geburt von Jesus vorgelesen wurde. Aber als ich älter wurde, kam immer mehr Skepsis mit ins Spiel. Ich gelangte zu dem Schluss, dass nicht nur der Nikolaus lediglich eine Figur aus einem Wohlfühlmärchen war, sondern dass auch diese ganze Sache mit Weihnachten nur auf dem schwachen Fundament von Wunschdenken stand.

Natürlich bot der Glaube an Jesus Christus ehrlichen, aber einfachen Gemütern wie den Delgados Trost. Ja, und er konnte auch die Sehnsucht nach Hoffnung und dem Glauben an *irgendetwas* von Menschen befriedigen, die die Fantasie der Realität vorzogen. Aber als Zeitungsmensch mit Erfahrung im Bereich des Rechts hatte ich tagtäglich mit Fakten zu tun – und ich war davon überzeugt, dass sie meinen Atheismus stützten und nicht das Christentum.

All dies änderte sich einige Jahre später, als ich mich, durch eine bekannte Bibelstelle inspiriert, in der es um Weihnachten ging, an eine neue Enthüllungsstory machte. In der Geschichte geht es darum, dass ein Engel einer abgerissenen Gruppe von Hirten offenbart: „[…] euch ist heute der Heiland geboren, welcher ist Christus, der Herr, in der Stadt Davids". War dies damals nur eine „Ente"? Oder eine Halluzination? Oder war es vielleicht doch das zentrale Ereignis in der Geschichte der Menschheit – die Menschwerdung des lebendigen Gottes?

Die Schafhirten waren jedenfalls entschlossen, der Sache auf den Grund zu gehen. Wie antike Journalisten des 1. Jahrhunderts, die an den Schauplatz eines weltbewegenden

Ereignisses geschickt wurden, beschlossen sie: „Lasst uns nun gehen nach Bethlehem und die Geschichte sehen, die da geschehen ist, die uns der Herr kundgetan hat." Sie zogen los, um die Beweise selbst einer Prüfung zu unterziehen.[1]

Und genau das tat ich als Reporter der *Tribune* jeden Tag: Ich nahm Behauptungen unter die Lupe, um zu sehen, ob sie der Wahrheit entsprachen, trennte Gerüchte von Gegebenheiten, ermittelte, was Fakt und was Fiktion war. Angespornt durch die Entscheidung meiner Frau für das Christentum und immer noch von den Delgados fasziniert, beschloss ich, einer Sache auf den Grund zu gehen, die ich heute für die entscheidendste Frage der Geschichte halte: *Wer lag an diesem ersten Weihnachten in der Krippe?*

Selbst zwei Jahrtausende später wird dieses Thema noch kontrovers diskutiert. „Die wissenschaftliche Debatte über die Identität Jesu verschärft sich: War er Gott, Mensch oder beides?", hieß es kürzlich in einem Artikel der *Tribune*. „In zahlreichen Büchern wurde Jesus unter anderem als zynischer Philosoph, apokalyptischer Prophet, Eiferer, Lehrer, Pharisäer, Feminist, radikaler Verfechter der Gleichmacherei und postmoderner Gesellschaftskritiker dargestellt."

Ich möchte versuchen, in „Was ist dran an Weihnachten?" dieser Sache auf den Grund zu gehen und zu den Ursprüngen dieses Feiertages vorzudringen. Können wir wirklich darauf vertrauen, dass die Biografen Jesu uns die Wahrheit über seine Geburt, sein Leben, seine Lehren, die Wunder, seinen Tod und seine Auferstehung von den Toten berichten? Legte das Kind in der Krippe später wirklich alle Eigenschaften Gottes an den Tag? Und war das Baby aus Bethlehem auf wundersame Weise wirklich der lang ersehnte Messias?

Begleiten Sie mich durch die folgenden Kapitel, wenn ich die knallharten Fakten über die wahre Identität Jesu von Feiertagstraditionen und -stimmungen trenne. Eines ist klar: Diese Suche kann auch für Sie zum wichtigsten Unternehmen in Ihrem Leben werden.

Kapitel 1

Die Augenzeugenberichte

Kann man den Biografien über Jesu trauen?

Als ich Leo Carter zum ersten Mal traf, war er ein schüchterner, mit leiser Stimme sprechender 17-Jähriger, der in dem Chicagoer Viertel mit der höchsten Verbrechensrate lebte und für sein Alter schon viel – zu viel – erlebt hatte. Seine Zeugenaussage hatte drei Killer ins Gefängnis gebracht. Und es steckte noch immer eine Kugel von einer 38-Kaliber-Waffe in seinem Schädel – eine grausige Erinnerung an eine schreckliche Geschichte, die begann, als er in diesem Viertel beobachtete, wie Elijah Baptist einen Lebensmittelhändler niederschoss.

Leo und sein Freund Leslie Scott spielten gerade Basketball, als sie sahen, wie Elijah, der damals 17 Jahre alt war und schon 30 Arreste auf seinem Vorstrafenregister stehen hatte, Sam Blue vor seinem Lebensmittelladen ermordete.

Leo kannte den Lebensmittelhändler seit seiner Kindheit. „Wenn wir nichts zu essen hatten, dann gab er uns etwas", erklärte Leo mir mit leiser Stimme. „Als ich ins Krankenhaus ging und sie mir sagten, dass er tot war, wusste ich, dass ich aussagen musste, was ich gesehen hatte."

Aussagen von Augenzeugen haben großes Gewicht. Zu den dramatischsten Augenblicken in einer Verhandlung gehört, wenn ein Augenzeuge detailliert das Verbrechen beschreibt, das er beobachtet hat, und dann ganz zielsicher auf den Angeklagten als den Täter zeigt. Elijah Baptist wusste, dass er dem Gefängnis nur entgehen würde, wenn er Leo Carter und Leslie Scott irgendwie davon abhalten konnte, ihre Zeugenaussage zu machen.

Also gingen Elijah und zwei seiner Freunde auf die Jagd. Bald spürten sie Leo und Leslie auf, die mit Leos Bruder Henry unterwegs waren, und zerrten sie mit vorgehaltenen Waffen zu einem nahe gelegenen dunklen Ladedock.

„Ich kann dich eigentlich gut leiden", sagte Elijahs Cousin zu Leo, „aber ich muss es tun." Und mit diesen Worten setzte er Leo seine Pistole an den Nasenrücken und drückte ab.

Der Schuss ging los; die Kugel beschrieb einen Bogen, ließ Leo auf dem linken Auge erblinden und bohrte sich in seinen Schädel. Als er auf dem Boden zusammenbrach, wurde ein weiterer Schuss auf ihn abgefeuert. Die Kugel traf ihn knapp neben der Wirbelsäule.

Leo lag am Boden, stellte sich tot und musste miterleben, wie sein schluchzender Bruder und sein Freund brutal aus kürzester Entfernung niedergemetzelt wurden. Als Elijah und seine Gang flohen, brachte sich Leo mühsam in Sicherheit.

Irgendwie überlebte er. Die Kugel in seinem Schädel konnte man nicht entfernen; die Operation war zu gefährlich. Trotz seiner bohrenden Kopfschmerzen, die auch starke Medikamente nicht unterdrücken konnten, wurde er zum einzigen Augenzeugen im Prozess, in dem Elijah Baptist angeklagt wurde, den Lebensmittelhändler Sam Blue ermordet zu haben. Die Geschworenen glaubten Leo, und Elijah wurde zu 80 Jahren Haft verurteilt.

Auch für den Mord an seinem Bruder und an seinem Freund war Leo der einzige Zeuge, der aussagen konnte, dass

Elijah und seine beiden Freunde die Täter waren. Und auch hier war sein Wort glaubhaft genug, um die drei für den Rest ihres Lebens ins Gefängnis zu bringen.

Leo Carter ist einer meiner Helden. Er sorgte dafür, dass der Gerechtigkeit Genüge getan wurde, obwohl er einen gewaltigen Preis dafür zahlen musste. Wenn ich heute – mehr als 20 Jahre später – an Augenzeugenberichte denke, dann sehe ich sein Gesicht immer noch vor mir.[2]

Ein Zeugnis aus einer fernen Zeit

Ja, Augenzeugenberichte sind in der Tat zwingend und überführend. Wenn ein Zeuge die umfassende Möglichkeit hatte, das Verbrechen zu beobachten, wenn er keine Vorurteile oder Hintergedanken hat, wenn der Zeuge vertrauenswürdig und fair ist, dann kann es völlig ausreichen, wenn er im Gerichtssaal auf den Täter deutet, damit dieser zu einer Gefängnisstrafe oder zu Schlimmerem verurteilt wird.

Die Berichte von Augenzeugen sind genauso wichtig, wenn es darum geht, historische Fragen zu untersuchen – auch die Frage, um die es hier in meinem Buch geht: ob Jesus Christus der einzigartige Sohn Gottes ist.

Aber welche Augenzeugenberichte liegen uns heute zu diesem Sachverhalt vor? Besitzen wir Berichte von jemandem, der persönlich mit Jesus zu tun hatte, der seinen Lehren zugehört, seine Wunder gesehen und seinen Tod miterlebt hat und ihm vielleicht sogar nach seiner angeblichen Auferstehung begegnet ist? Haben wir irgendwelche Berichte von „Journalisten" aus dem ersten Jahrhundert, die Augenzeugen interviewt, unangenehme Fragen gestellt und die Wahrheit gewissenhaft berichtet haben?

Und würden diese Berichte den kritischen Einwänden von Skeptikern standhalten?

Mir war klar, dass Augenzeugenberichte aus dem Nebel vergangener Zeiten dazu beitragen könnten, diese wichtigste geistliche Frage zu beantworten. Um solide Aussagen zu bekommen, arrangierte ich ein Interview mit einem landesweit sehr angesehenen Wissenschaftler, der ein Buch zu genau diesem Thema geschrieben hatte: Dr. Craig Blomberg, dem Verfasser von „Die historische Zuverlässigkeit der Evangelien".

Ich wusste, dass Blomberg ein kluger Kopf war, und seine Erscheinung passte zum Klischee. Er war sehr groß und schlaksig, hatte kurzes, braunes gewelltes Haar, das er ganz zwanglos nach vorne gekämmt hatte, einen krausen Bart und eine dicke, randlose Brille. Er war der Typ, der die Abschiedsrede bei der Abschlussfeier an der Highschool hält (was er getan hatte), der den Titel eines *National Merit Scholar* innehat (hat er) und der sein Studium mit „summa cum laude" an einer angesehenen Universität abgeschlossen hat (was er auch tatsächlich getan hat).

Aber ich wollte jemanden, der nicht nur intelligent und gebildet war. Ich suchte einen Experten, der nicht über Kleinigkeiten hinwegsehen oder ungeniert Aspekte unter den Tisch fallen lassen würde, die die Aufzeichnungen des Christentums in Frage stellen könnten. Ich brauchte einen integeren Menschen, jemanden, der sich mit den einflussreichsten Kritikern des Glaubens herumgeschlagen hatte und voller Autorität sprach, sich dabei aber den entscheidenden Fragen stellte, statt sie einfach vom Tisch zu wischen.

Man hatte mir gesagt, dass Blomberg genau der richtige Mann für mich wäre. Und so flog ich nach Denver, um den

Wissenschaftler zu interviewen, der ein Buch zu genau dem Thema verfasst hatte, um das es mir ging: „Die historische Zuverlässigkeit der Evangelien".

Das Interview mit Craig L. Blomberg

Craig Blomberg ist allgemein anerkannt als eine der führenden Kapazitäten für die Biografien Jesu, die man die vier „Evangelien" nennt. Er erwarb seinen Doktor im Fachbereich Neues Testament an der Universität von Aberdeen in Schottland, arbeitete später als wissenschaftlicher Mitarbeiter am *Tyndale House* an der Universität von Cambridge in England, wo er zu einer Elite von Wissenschaftlern aus aller Welt gehörte, die eine Reihe anerkannter Werke über Jesus publizierte. Seit vielen Jahren ist er nun Professor am Lehrstuhl für Neues Testament am *Denver Seminary*.

Wie ich erwartet hatte, waren die Bücherregale in seinem Büro mit wissenschaftlichen Werken überfüllt (sogar seine Krawatte war mit Zeichnungen von Büchern verziert). Und doch bemerkte ich schnell, dass die Wände seines Büros nicht von staubigen Wälzern von alten Historikern dominiert wurden, sondern von Bildern seiner beiden kleinen Töchter. Ihre lustigen und farbenfrohen Zeichnungen von Lamas, Häusern und Blumen waren nicht einfach wahllos an die Wand gepinnt. Sie wurden offensichtlich wie wertvolle Preise behandelt – sorgfältig gerahmt und persönlich von Elisabeth und Rachel signiert. Ich dachte mir, dass dieser Mann eindeutig nicht nur Verstand, sondern auch Herz besaß.

Als er sich mit einer Tasse Kaffee in der Hand in seinem Lehnstuhl zurücklehnte, nippte auch ich an meinem Kaffee, um gegen die Kühle in Colorado anzukämpfen. Da ich das Gefühl hatte, dass Blomberg ein Mann war, der gerne gleich zur Sache kam, entschloss ich mich, bereits zu Beginn des Interviews den Kern des Themas anzusprechen.

„Sagen Sie", begann ich ein wenig provokant, „ist es wirklich möglich, ein intelligenter, kritisch denkender Mensch zu sein und doch daran zu glauben, dass die vier Evangelien von den Personen geschrieben wurden, deren Namen sie tragen?"

Blomberg stellte seine Tasse auf den Schreibtisch und schaute mich aufmerksam an. „Die Antwort lautet ja", sagte er mit Nachdruck.

Er lehnte sich zurück und fuhr fort: „Es ist wichtig anzuerkennen, dass die Evangelien streng genommen anonym sind. Doch die frühe Kirche bezeugt einhellig, dass Matthäus, auch bekannt als Levi, der Steuereinnehmer und einer der zwölf Apostel, der Autor des ersten Evangeliums im Neuen Testament war, dass Johannes Markus, ein Freund von Petrus, der Verfasser des Evangeliums war, das wir Markus-Evangelium nennen, und dass Lukas, auch bekannt als Paulus' ‚geliebter Arzt', das Lukas-Evangelium und die Apostelgeschichte geschrieben hat."

„Wie einig war man sich darin, dass sie die Autoren waren?", fragte ich.

„Es gibt niemanden sonst, der Anspruch auf die Autorschaft dieser drei Evangelien erhebt", entgegnete er. „Offenbar stand das überhaupt nicht zur Debatte."

Trotzdem wollte ich diesem Punkt weiter nachgehen. „Entschuldigen Sie meine Skepsis", sagte ich deshalb, „aber könnte irgendjemand ein Motiv gehabt haben, zu lügen und zu behaupten, dass diese Leute die Evangelien geschrieben haben, auch wenn es in Wahrheit nicht der Fall war?"

Blomberg schüttelte den Kopf. „Das ist nicht sehr wahrscheinlich. Sie müssen bedenken, dass die drei eher merkwürdige Gestalten waren." Ein Grinsen breitete sich auf seinem Gesicht aus. „Markus und Lukas gehörten nicht einmal zu den zwölf Aposteln. Matthäus zwar schon, aber er war früher ein von allen verhasster Steuereinnehmer. Neben Judas Ischariot, der Jesus verraten hat, war er wohl der Apostel mit dem schlechtesten Ruf.

Und sehen Sie im Gegensatz dazu, was passierte, als viel später die fantasievollen apokryphen Evangelien geschrieben wurden. Die Leute wählten dafür die Namen von bekannten und beispielhaften Personen als fiktive Autoren aus – Philippus, Maria, Petrus, Jakobus. Diese Namen hatten viel mehr Gewicht als die Namen von Matthäus, Markus und Lukas. Um also Ihre Frage zu beantworten: Es gibt keinen Grund, die Autorschaft diesen drei weniger respektierten Personen zuzuschreiben, wenn sie nicht wirklich die Autoren wären."

Das klang logisch, aber es war offensichtlich, dass er einen Evangelienautor ausgeklammert hatte. „Was ist mit Johannes?", fragte ich. „Er war doch sehr prominent. Schließlich war er nicht nur einer der zwölf Jünger, sondern gehörte zusammen mit Jakobus und Petrus zum inneren Kreis um Jesus."

„Ja, er bildet die Ausnahme", gab Blomberg mit einem Nicken zu. „Und das Interessante ist, dass das Johannes-Evangelium das einzige Evangelium ist, bei dem die Autorschaft Fragen aufwirft."

„Worum geht es da konkret?"

„Der Name des Verfassers wird nicht in Zweifel gezogen – das ist ganz sicher Johannes. Die Frage ist, ob es Johannes, der Apostel, oder ein anderer Johannes war.

Wissen Sie, ein christlicher Autor namens Papias schreibt um 125 nach Christus über einen Johannes, den Apostel, und einen Johannes den Älteren. Aus dem Kontext wird nicht ersichtlich, ob er hier von einer Person aus zwei unterschiedlichen Perspektiven spricht oder ob er sich auf zwei verschiedene Personen bezieht. Aber von dieser Ausnahme abgesehen, gehen die frühen Aussagen einhellig davon aus, dass Johannes, der Apostel, der Sohn des Zebedäus, dieses Evangelium verfasst hat."

„Und", sagte ich, um ihn festzunageln, „sind Sie davon überzeugt, dass er es geschrieben hat?"

„Ja, ich glaube, dass der bedeutende Großteil des Materials auf den Apostel zurückgeht", erwiderte er. „Wenn Sie das Evangelium genau lesen, werden Sie feststellen, dass die abschließenden Verse unter Umständen von einem Herausgeber angefügt worden sind. Ich persönlich habe aber kein Problem damit zu glauben, dass jemand, der in enger Verbindung mit Johannes stand, diese Rolle übernommen, die letzten Verse in die endgültige Form gebracht und dem ganzen Dokument einen einheitlichen Stil gegeben hat.

Aber", betonte er, „auf jeden Fall basiert das letzte Evangelium, genau wie die drei anderen Evangelien, auf Augenzeugenmaterial."

Auf der Suche nach Einzelheiten

Wenn ich auch Blombergs Ausführungen bislang akzeptiert hatte, war ich dennoch nicht bereit, die Sache auf sich beruhen zu lassen. Die Frage, wer die Evangelien geschrieben hat, ist äußerst wichtig, und ich wollte konkrete Details – Namen, Daten, Zitate. Ich trank meinen Kaffee aus und stellte die Tasse auf den Tisch. Ich zückte meinen Stift und bereitete mich darauf vor, tiefer in das Thema einzudringen.

„Gehen wir mal zurück zu Markus, Matthäus und Lukas", sagte ich. „Welche konkreten Beweise haben Sie dafür, dass diese drei Personen wirklich die Verfasser der Evangelien sind?"

Blomberg beugte sich nach vorn. „Auch hier stammt das älteste und vermutlich wichtigste Zeugnis von Papias, der etwa um 125 nach Christus ausdrücklich schreibt, dass Markus die Augenzeugenbeobachtungen des Petrus sorgfältig aufgezeichnet habe. Wörtlich schreibt er, dass Markus ‚keinen Fehler' gemacht und ‚keine einzige falsche Aussage' aufgenommen habe. Und Papias schreibt weiter, dass auch Matthäus die Lehren Jesu gut erhalten habe.

Dann bestätigt auch Irenäus etwa um 180 nach Christus die überlieferte Autorschaft. Ich lese Ihnen die Stelle vor", meinte er und griff nach einem Buch. Er schlug es auf und las die Worte von Irenäus:

„Matthäus veröffentlichte sein eigenes Evangelium unter den Hebräern in ihrer eigenen Sprache, während Petrus und Paulus das Evangelium in Rom predigten und die dortige Gemeinde gründeten. Nach ihrer Abreise gab uns Markus, der Jünger und Übersetzer des Petrus, persönlich in schriftlicher Form die wesentlichen Inhalte der Predigten des Petrus. Lukas, der Jünger des Paulus, schrieb in einem Buch das Evangelium so nieder, wie er es von seinem Lehrer gehört hatte. Und Johannes, der Jünger des Herrn, der auch an seiner Brust gelehnt hatte, schrieb sein Evangelium, während er in Ephesus in Asien lebte."[3]

Ich blickte von meinen Notizen auf. „Um eines klarzustellen", sagte ich, „Wenn wir uns darauf verlassen können, dass die Evangelien von den Jüngern Matthäus und Johannes, von Markus, dem Freund des Apostels Petrus, und von Lukas, dem Historiker, Freund des Paulus und so etwas wie einem Journalisten des ersten Jahrhunderts, geschrieben wurden, können wir auch davon ausgehen, dass die beschriebenen Ereignisse auf direkten oder indirekten Augenzeugenbeobachtungen basieren."

Während ich sprach, wog Blomberg in Gedanken meine Worte ab. Als ich fertig war, nickte er.

„Exakt", erwiderte er knapp.

Wann wurde Jesus geboren?

Uns ist nicht bekannt, wann Jesus geboren wurde. Es ist wahrscheinlich, dass es im Frühjahr geschah, da die Hirten sich damals auf den Feldern aufhielten, um nachts nach ihren Schafen zu sehen, und dies tun sie gewöhnlich, wenn neue Lämmer geboren werden. Um das Jahr 200 waren Theologen der Ansicht, Jesus sei am 20. Mai geboren. „Andere", so der Journalist Terry Mattingly, „vertraten die Überzeugung, es sei im März oder April gewesen. Dennoch war dieses Thema für sie nicht sehr wichtig. Viel wichtiger war für die ersten Christen Epiphanias am 6. Januar (in einigen Ländern am 7. Januar), der Tag, an dem man die Taufe Jesus feiert."

385 n. Chr. erklärte Papst Julius I. den 25. Dezember zu dem Tag, an dem die Geburt Jesu gefeiert werden sollte. „Er wählte dieses Datum zum Teil", so erklärte mir die christliche Wissenschaftlerin Gretchen Passantino,

„um einen Gegenpol zum heidnischen Fest des römischen Gottes Saturn zu schaffen, den Saturnalien. Während dieser Feiertage lockerte sich nämlich die Moral erheblich."

Antike kontra moderne Biografien

Es gab noch ein paar Aspekte der Evangelien, die für mich unklar waren. Ich wollte vor allem das literarische Genre besser verstehen, das sie repräsentierten.

„Wenn ich in eine Buchhandlung gehe, finde ich dort etwas völlig anderes als in den Evangelien", sagte ich. „Wenn heutzutage jemand eine Biografie schreibt, beschäftigt er sich intensiv mit dem Leben eines Menschen. Aber schauen Sie sich das Markus-Evangelium an – Markus schreibt nichts über die Geburt Jesu oder seine Jugendjahre. Stattdessen konzentriert er sich auf einen Zeitraum von drei Jahren und verwendet fast die Hälfte seines Evangeliums darauf, die letzten Lebenstage Jesu zu schildern. Wie erklären Sie sich das?"

Blomberg hob zwei Finger. „Es gibt zwei Begründungen", erwiderte er. „Eine literarische und eine theologische.

Die literarische Begründung ist, dass man in der Antike Biografien auf diese Weise schrieb. Damals hatte man nicht wie heute das Gefühl, dass es wichtig sein könnte, gleichermaßen auf alle Perioden im Leben eines Menschen einzugehen, seine Geschichte in chronologischer Reihenfolge zu erzählen oder jemanden wörtlich zu zitieren, statt nur sinngemäß wiederzugeben, was er gesagt hatte. Im Altgriechischen und Hebräischen gibt es jedoch nicht einmal ein Symbol für die direkte Rede.

Man sah damals nur einen Grund für die Aufzeichnung von Geschichte: Man konnte etwas von den Menschen lernen, deren Leben beschrieben wurde. Deshalb gingen die Biografen vor allem auf die Lebensabschnitte ausführlich ein, die Vorbildcharakter hatten, besonders anschaulich waren, anderen Menschen helfen oder einer Epoche Sinn geben konnten."

„Und wie lautet die theologische Begründung?", fragte ich.

„Sie folgt aus dem Punkt, den ich gerade genannt habe. Christen glauben, dass das Leben und die Wunder Jesu zwar ganz toll waren, dass sie aber bedeutungslos sind, wenn Tod und Auferstehung Jesu nicht geschichtlich belegt sind und dadurch Sühne oder Vergebung für die Verfehlungen der Menschen nicht möglich ist.

Aus diesem Grund widmet wohl auch Markus, der Verfasser des ältesten Evangeliums, annähernd die Hälfte seines Berichtes der letzten Lebenswoche Jesu, die in Tod und Auferstehung gipfelt.

Wenn man die Bedeutung der Auferstehung bedenkt", schloss er, „passt das perfekt zum antiken Geschichts- und Literaturverständnis."

Das Geheimnis von „Q"

Zusätzlich zu den vier Evangelien verweisen Wissenschaftler oft auf die so genannte Logienquelle „Q". Wegen Ähnlichkeiten in Sprache und Inhalt nimmt man gewöhnlich an, dass Matthäus und Lukas das Evangelium von Markus als Vorlage nahmen, als sie ihre eigenen Evangelien schrieben. Außerdem gehen die Wissenschaftler davon aus, dass

Matthäus und Lukas Material von dieser geheimnisvollen Quelle „Q" übernommen haben, Material, das bei Markus nicht zu finden ist.

„Was genau ist ‚Q'?", fragte ich Blomberg.

„Genau genommen nur eine Hypothese", antwortete er und lehnte sich wieder gemütlich in seinem Stuhl zurück. „Mit wenigen Ausnahmen besteht sie einfach aus Reden und Lehren Jesu, die in einem unabhängigen, separaten Dokument zusammengefasst gewesen sein könnten. Wissen Sie, es war damals gängige Praxis, die Reden geachteter Lehrer zu sammeln, so wie wir heute die besten Songs eines Musikers in einem ‚Best of'-Album zusammenstellen. Die Quelle ‚Q' könnte so etwas gewesen sein. Zumindest sieht so die Theorie aus."

Doch wenn „Q" schon vor Matthäus und Lukas existiert hatte, würde sie frühes Material über Jesus enthalten. *Vielleicht*, dachte ich, *wirft das ein neues Licht auf Jesus.*

„Noch eine Frage", sagte ich. „Was für ein Bild von Jesus bekommt man, wenn man das Material von ‚Q' isoliert betrachtet?"

Blomberg strich über seinen Bart und starrte einen Moment lang an die Decke, während er über die Frage nachdachte. „Nun, Sie müssen berücksichtigen, dass ‚Q' eine Sammlung von Zitaten Jesu war und ihr deshalb das narrative Material fehlt, das uns ein vollständigeres Bild von Jesus geben könnte", erwiderte er. Er sprach langsam und wählte jedes Wort sorgfältig.

„Doch trotzdem sind dort sehr zwingende Behauptungen Jesu aufgezeichnet, etwa, dass er die personifizierte Weisheit sei und derjenige, durch den Gott die Menschen richten werde, je nachdem, ob sie sich zu ihm bekennen oder ihn ablehnen würden. Der Autor eines wichtigen wissenschaftlichen Werkes zog vor kurzem den Schluss, wenn man die Zitate aus ‚Q' isoliert betrachte, dann fände man dasselbe Bild von Jesus wie in den Evangelien: Man findet jemanden, der sehr kühne Behauptungen über sich selbst aufstellt."

Ich wollte es noch genauer wissen. „Würde man ihn auch als einen Wundertäter sehen?", fragte ich weiter.

„Auch hier gilt wieder", antwortete er, „dass man nicht viele Wunderberichte an sich findet, weil sie eher narrativ sind und ‚Q' eben überwiegend eine Auflistung von Zitaten ist."

Er hielt inne, griff über seinen Schreibtisch, nahm eine in Leder gebundene Bibel in die Hand und blätterte durch ihre abgegriffenen Seiten.

„Aber im Lukas-Evangelium, Kapitel 7, Verse 18 bis 23 und im Matthäus-Evangelium, Kapitel 11, Verse 2 bis 6 heißt es, dass Johannes der Täufer seine Boten sandte, um Jesus zu fragen, ob er wirklich der Christus war, der Messias, auf den sie warteten. Jesus antwortete ihnen in etwa: ‚Sagt ihm, dass er auf meine Wunder achten soll. Sagt ihm, was ihr gesehen habt: Die Blinden sehen, die Lahmen gehen, die Tauben hören, den Armen wird die gute Nachricht gepredigt.'

Selbst in ‚Q' findet man also ein klares Bewusstsein der Wunder Jesu", schloss er.

Als Blomberg Matthäus erwähnte, erinnerte mich das an eine andere Frage. Wie passten die Evangelien zusammen?

„Warum", erkundigte ich mich, „sollte Matthäus – von dem behauptet wird, dass er Augenzeuge war – Teile eines Evangeliums von Markus, der kein Augenzeuge war, in sein Evangelium integrieren? Wenn das Evangelium von Matthäus wirklich von einem Augenzeugen geschrieben wurde, dann sollte man doch annehmen, dass er sich auf seine eigenen Beobachtungen verlassen würde."

Blomberg lächelte. „Das macht nur Sinn, wenn man davon ausgeht, dass Markus auf die Erinnerungen von Petrus zurückgreift", sagte er. „Wie Sie selbst gesagt haben, gehörte Petrus zum inneren Kreis um Jesus und konnte auf diese Weise Dinge sehen und hören, die den anderen Jüngern verschlossen blieben. Also würde es auch für Matthäus Sinn machen, sich auf Petrus' Version der Ereignisse zu verlassen, wie sie durch Markus überliefert wird."

Ja, dachte ich bei mir, das machte Sinn. Aus meinen Jahren als Zeitungsreporter fiel mir sogar eine Analogie ein. Ich erinnerte mich, wie ich einmal zusammen mit anderen Journalisten den berühmt-berüchtigten politischen Patriarchen von Chicago, den verstorbenen Bürgermeister Richard J. Daley, umringt und mit Fragen zu einem Polizeiskandal bombardiert hatte. Er hatte ein paar Bemerkungen gemacht, bevor er in seine Limousine flüchtete.

Obwohl ich Augenzeuge des Geschehens war, wandte ich mich sofort an einen Radioreporter, der näher bei Daley gestanden hatte, und bat ihn, sein Band zurückzuspulen, damit wir noch einmal hören konnten, was Daley gesagt hatte. Nur so konnte ich sichergehen, dass ich seine Worte korrekt aufgeschrieben hatte.

Und das, so grübelte ich, war vermutlich genau das, was Matthäus mit Markus getan hatte. Obwohl er seine eigenen Erinnerungen als Jünger Jesu hatte, veranlasste ihn sein Wunsch nach korrekter Darstellung der Ereignisse dazu, auf Material zurückzugreifen, das direkt von Petrus aus dem inneren Kreis um Jesus kam.

Die besondere Perspektive bei Johannes

Ich war mit Blombergs Antworten zu den ersten drei Evangelien zufrieden, die man wegen ihres ähnlichen Aufbaus und des Bezugs untereinander auch die „Synoptiker" nennt, was so viel bedeutet wie „gleichzeitig zu betrachten". Nun wandte ich meine Aufmerksamkeit dem Johannes-Evangelium zu. Jeder, der alle vier Evangelien liest, wird sofort bemerken, dass es offenkundige Unterschiede zwischen den Synoptikern und dem Johannes-Evangelium gibt. Ich wollte wissen, ob dies bedeutete, dass es zwischen ihnen unvereinbare Widersprüche gab.

„Könnten Sie die Unterschiede zwischen den synoptischen Evangelien und dem Johannes-Evangelium näher erläutern?", fragte ich Blomberg.

Seine Augenbrauen schossen nach oben. „Zu diesem Thema könnte man ein ganzes Buch schreiben!"

Nachdem ich versichert hatte, dass ich nur an den wesentlichen Punkten interessiert wäre und nicht an einer erschöpfenden Erörterung, lehnte er sich in seinem Stuhl zurück.

„Nun, es ist richtig, dass das Johannes-Evangelium zu den anderen Evangelien mehr Unterschiede als Ähnlichkeiten aufweist", begann er. „Nur eine Handvoll von den großen Geschichten aus den drei Synoptikern erscheint im Johannes-Evangelium. Das ändert sich aber merklich, wenn man zur letzten Lebenswoche Jesu kommt. Ab diesem Punkt sind die Parallelen deutlicher.

Außerdem scheint der linguistische Stil anders zu sein. Im Johannes-Evangelium verwendet Jesus eine andere Terminologie, er spricht in langen Predigten und es scheint eine höhere Christologie zu geben. Das heißt, dass Jesus direkter und deutlicher behauptet, dass er mit dem Vater eins ist, dass er der Weg, die Wahrheit und das Leben und dass er die Auferstehung und das Leben ist."

„Wie erklärt man sich diese Unterschiede?", fragte ich.

„Man ging sehr lange davon aus, dass Johannes alles kannte, was Matthäus, Markus und Lukas geschrieben hatten, und keine Notwendigkeit sah, es zu wiederholen. Also habe er beschlossen, ihre Aufzeichnungen zu ergänzen. In jüngerer Zeit nahm man aber auch an, dass Johannes von den drei anderen Evangelien völlig unabhängig ist. Für diese These sprechen nicht nur die Unterschiede in der Materialauswahl, sondern auch die unterschiedliche Sicht von Jesus."

Die kühnste Behauptung Jesu

„Es gibt auch einige theologische Unterschiede zwischen den Synoptikern und Johannes", stellte ich fest.

„Das will ich nicht abstreiten, aber muss man sie gleich als Widersprüche bezeichnen? Das glaube ich nicht, und ich sage Ihnen auch, warum. Zu fast jedem großen Thema oder Unterschied in Johannes können Sie Parallelen in Matthäus, Markus oder Lukas finden, auch wenn sie nicht gerade im Überfluss vorhanden sind."

Das war eine kühne Behauptung. Ich entschloss mich umgehend, sie auf die Probe zu stellen und den vielleicht wichtigsten Punkt anzusprechen, in dem sich die Synoptiker und das Johannes-Evangelium unterschieden.

„Johannes stellt sehr explizit die Behauptung auf, dass Jesus Gott ist, was viele der Tatsache zuschreiben, dass er sein Evangelium so viel später als die anderen schrieb und damit begann, die Ereignisse auszuschmücken", warf ich ein. „Wird die Gottheit Jesu auch bei den Synoptikern behandelt?"

„Ja, allerdings", entgegnete er. „Das Thema findet sich eher implizit, aber es ist vorhanden. Denken Sie an die Geschichte im Matthäus-Evangelium, Kapitel 14, Verse 22 bis 33, und im Markus-Evangelium, Kapitel 6, Verse 45 bis 52, als Jesus auf dem Wasser geht. In den meisten Übersetzungen geht die Bedeutung des griechischen Urtextes verloren. In den Übersetzungen heißt es meistens: ‚Fürchte dich nicht, ich bin es.' Doch im Griechischen heißt es wörtlich: ‚Fürchte dich nicht, ich bin.' Diese letzten beiden Worte sind identisch mit dem, was Jesus im Johannes-Evangelium, Kapitel 8, Vers 58 sagt, als er den göttlichen Namen ‚Ich bin' auf sich bezieht, mit dem Gott sich Mose am brennenden Dornbusch offenbart hatte. Jesus offenbart sich hier also als derjenige, der dieselbe göttliche Macht über die Natur hat wie Jahwe, der Gott des Alten Testamentes."

Ich nickte. „Das ist ein Beispiel. Gibt es noch andere?"

„Ja. In den ersten drei Evangelien ist beispielsweise ‚Menschensohn' der Titel, den Jesus am häufigsten für sich selbst verwendet, und –"

Ich hob meine Hand, um ihn zu unterbrechen. „Warten Sie einen Augenblick", sagte ich. Ich zog ein Buch aus meiner Tasche und blätterte es durch, bis ich die Stelle gefunden hatte, die ich suchte. „Karen Armstrong, eine ehemalige Nonne, schreibt in ihrem Bestseller ‚A History of God', dass der Titel ‚Menschensohn' einfach die Schwachheit und Sterblichkeit des Menschen betonen will. Indem Jesus also diesen Titel für sich verwendete, wollte er hervorheben, dass er ein schwacher Mensch war, der eines Tages leiden und sterben würde.[4] Wenn das stimmt", sagte ich, „dann klingt das nicht unbedingt wie der Anspruch, Gott sein zu wollen."

Blomberg blickte verdrießlich. „Wissen Sie", erwiderte er in einem entschiedenen Ton, „entgegen der landläufigen Meinung bezieht sich der Titel ‚Menschensohn' in erster Linie nicht auf die Menschlichkeit Jesu. Stattdessen ist er eine Anspielung auf Daniel, Kapitel 7, Verse 13 und 14."

Mit diesen Worten öffnete er das Alte Testament und las diese Worte des Propheten Daniel vor:

„Immer noch hatte ich die nächtlichen Visionen: Da kam mit den Wolken des Himmels einer wie ein Menschensohn. Er gelangte bis zu dem Hochbetagten und wurde vor ihn geführt. Ihm wurden Herrschaft, Würde und Königtum gegeben. Alle Völker, Nationen und Sprachen müssen ihm dienen. Seine Herrschaft ist eine ewige, unvergängliche Herrschaft. Sein Reich geht niemals unter."

Blomberg schlug seine Bibel zu. „Überlegen Sie sich also, was Jesus tat, als er den Begriff ‚Menschensohn' auf sich bezog. Der Menschensohn ist jemand, der sich Gott in seinem himmlischen Thronsaal nähert und dem universale Herrschaft und Macht gegeben werden. So wird ‚Menschensohn' zu einem Titel, der hohe Erhabenheit und nicht bloße Menschlichkeit ausdrückt."

Später fand ich einen Kommentar von einem anderen Wissenschaftler, William Lane Craig, der eine ähnliche Beobachtung gemacht hatte:

„Man denkt oft, dass der Begriff ‚Menschensohn' die Menschlichkeit Jesu ausdrücken soll, so wie der Begriff ‚Gottessohn' seine Göttlichkeit ausdrückt. Doch in der Tat gilt genau das

Gegenteil. Der Menschensohn war eine göttliche Figur im alt-
testamentlichen Buch Daniel, die am Ende der Welt kommen,
die Menschen richten und für immer regieren sollte. So war
die Behauptung, der Menschensohn zu sein, in Wirklichkeit
die Behauptung, ein göttliches Wesen zu sein."[5]

Blomberg fuhr fort: „Außerdem behauptet Jesus laut den
synoptischen Evangelien, dass er Sünden vergeben kann.
Das ist etwas, das nur Gott kann. Jesus nimmt Gebet und
Anbetung an. Jesus sagt: ‚Wer sich nun vor den Menschen
zu mir bekennt, zu dem werde auch ich mich vor meinem
Vater im Himmel bekennen.' Das letzte Gericht, um das es
ja hier geht, ist abhängig von der Reaktion eines Menschen
auf wen? Auf ein menschliches Wesen? Das wäre eine sehr
anmaßende Behauptung. Das letzte Gericht ist abhängig
von der Reaktion eines Menschen auf Jesus *als Gott.*

Sie sehen also, dass es bei den Synoptikern eine ganze
Menge Material zur Gottheit Jesu gibt, das im Johannes-
Evangelium expliziter ausgeführt ist."

Das theologische Programm des Evangeliums

Beim Abfassen des letzten Evangeliums hatte Johannes den
Vorteil, dass er sich die theologischen Themen über einen
längeren Zeitraum hinweg durch den Kopf gehen lassen
konnte. Also fragte ich Blomberg: „Kann man aus der Tatsache, dass Johannes eine stärkere theologische Ausrich-
tung hat, schließen, dass sein historisches Material beeinträchtigt und daher weniger verlässlich ist?"

„Ich glaube nicht, dass Johannes theologischer ist", betonte Blomberg. „Er hat lediglich einen anderen theologischen

Blickwinkel. Matthäus, Markus und Lukas hatten jeweils unterschiedliche theologische Standpunkte, die sie besonders hervorheben wollten. Lukas als Anwalt für die Armen und sozial Benachteiligten, Matthäus, der die Beziehung zwischen Christentum und Judentum verstehen will, und Markus, der Jesus als den leidenden Diener zeigt. Sie können eine lange Liste mit den theologischen Unterschieden bei Matthäus, Markus und Lukas aufstellen."

Ich unterbrach ihn, weil ich fürchtete, er würde am entscheidenden Punkt vorbeireden. „Gut, aber lassen diese theologischen Motive nicht Zweifel an ihrer Fähigkeit und Bereitschaft zur akkuraten Berichterstattung der Ereignisse aufkommen?", fragte ich. „Ist es nicht wahrscheinlich, dass ihr theologisches Programm sie dazu verführte, die Geschichte zu beschönigen und zu verdrehen, so wie es in ihre Interessen und Ziele passte?"

„Das gilt hier sicher genau wie bei jedem anderen ideologischen Dokument. Natürlich müssen wir diese Möglichkeit in Betracht ziehen", gab er zu. „Es gibt Menschen, die die Geschichte bewusst verdrehen, um sie den Zielen ihrer Ideologie zunutze zu machen. Doch leider kam man zu dem Schluss, dass das immer geschieht, was aber eine Fehleinschätzung ist.

In der Antike war es einfach nicht üblich, leidenschaftslos, objektiv und ohne ideologische Absichten Geschichte zu schreiben, einfach nur, um die Ereignisse aufzuzeichnen. Niemand würde Geschichte schreiben, wenn es nicht eine Lektion gab, die man daraus lernen konnte."

Ich lächelte. „Ich vermute, man könnte sagen, dass deshalb alles irgendwie verdächtig ist."

„Ja, bis zu einem gewissen Grad ist es das tatsächlich", erwiderte er. „Doch wenn es uns möglich ist, aus allen möglichen anderen historischen Quellen Geschichte genau zu rekonstruieren, dann sollte uns das auch bei den Evangelien gelingen, wenn sie ideologisch gefärbt sind."

Blomberg dachte einen Augenblick lang nach und suchte nach einem passenden Beispiel, mit dem er sein Argument illustrieren konnte. Schließlich sagte er: „Es gibt eine moderne Parallele aus der Geschichte der Juden, die verdeutlichen könnte, was ich meine. Manche Menschen leugnen die Grausamkeiten des Holocaust oder spielen sie herunter. Das geschieht normalerweise im Zuge antisemitischer Propaganda. Doch es waren jüdische Wissenschaftler, die Museen aufgebaut, Bücher geschrieben, Kunstgegenstände gesammelt und Augenzeugenberichte dokumentiert haben, die den Holocaust betreffen. Auch sie verfolgen ein ideologisches Ziel: Sie wollen sicherstellen, dass so etwas Schreckliches nie wieder geschehen kann. Doch gleichzeitig waren sie in ihrer Berichterstattung der Geschehnisse sehr objektiv und wahrheitsgetreu.

Das Christentum basiert auf der historischen Behauptung, dass Gott auf einzigartige Weise in der Person Jesu von Nazareth in Zeit und Raum gekommen ist. Diese Ideologie erforderte so sorgfältige historische Arbeit wie möglich."

Er ließ dieses Beispiel auf mich wirken. Dann schaute er mich direkt an und fragte: „Verstehen Sie, was ich meine?"

Ich nickte.

Sensationelle Neuigkeiten aus der Geschichte

Es ist eine Sache zu sagen, dass die Evangelien direkt oder indirekt auf Augenzeugenberichten basieren. Doch es ist etwas anderes zu behaupten, dass diese Informationen zuverlässig bewahrt worden sind, bis sie schließlich viele Jahre später aufgezeichnet wurden. Dies war, wie ich wusste, ein großer Streitpunkt, und ich wollte Blomberg auf dieses Thema so offen wie möglich ansprechen.

Wieder nahm ich Armstrongs populäres Buch *A History of God* zur Hand und las einen Abschnitt daraus vor.

„Wir wissen sehr wenig über Jesus. Der erste Bericht über sein Leben, das Markus-Evangelium, wurde etwa im Jahr 70 geschrieben, etwa 40 Jahre nach seinem Tod. Zu dieser Zeit waren die historischen Fakten bereits von mythischen Elementen überlagert, die der Bedeutung entsprachen, die Jesus für seine Nachfolger erlangt hatte. Markus überliefert in erster Linie diese Bedeutung, statt ein verlässliches Porträt zu liefern."[6]

Der Glaube an die Jungfrauengeburt

Das Dogma der Jungfrauengeburt war in seiner Jugend ein Stolperstein für den Philosophen William Lane Craig. „Ich dachte, das ist doch absurd", erzählte er mir. „Damit an der Vorstellung von der jungfräulichen Geburt etwas dran sein konnte, musste ein Y-Chromosom aus dem Nichts entstanden sein, denn Maria besaß ja überhaupt nicht das genetische Material, um ein männliches Kind zu bekommen."

Dennoch kam Craig zum Glauben. „Du musst überhaupt nicht Antworten auf all deine Fragen finden, um zum Glauben zu kommen", erklärte er. „Du musst nur zu dem Schluss kommen: Die Beweise deuten darauf hin, dass alles der Wahrheit entspricht. Wenn ich auch nicht auf alle meine Fragen eine Antwort gefunden habe, so will ich doch an Gott glauben und hoffen, dass ich die Antworten schon irgendwann erhalten werde."

Craig wurde später ein Fachmann auf dem Gebiet der Evolutionsfragen und fand für sich eine Lösung des „Jungfrauen-Problems": „Wenn ich wirklich an einen Gott glaube, der das Universum erschaffen hat", erklärte er mir lächelnd, „dann wäre es für diesen auch ein Kinderspiel, ein Y-Chromosom aus dem Nichts zu erschaffen."

Ich steckte das Buch zurück in meine Tasche, wandte mich wieder Blomberg zu und fuhr fort: „Einige Wissenschaftler vertreten die Meinung, dass die Evangelien so lange nach den eigentlichen Ereignissen verfasst wurden, dass sich Legenden gebildet und die Geschichte verzerrt haben. So wurde Jesus schließlich vom weisen Lehrer zum mythologischen Sohn Gottes hochstilisiert. Ist das eine vernünftige Hypothese, oder gibt es Beweise, die belegen, dass die Evangelien bereits zu einem früheren Zeitpunkt abgefasst wurden, bevor Legenden zerstören konnten, was letzten Endes berichtet wurde?"

Blombergs Augen verengten sich und seine Stimme bekam einen unnachgiebigen Ton. „Es geht hier um zwei verschiedene Themen, und es ist wichtig, sie voneinander zu trennen", sagte er. „Ich denke, dass es stichhaltige Beweise für die frühere schriftliche Abfassung der Evangelien gibt. Aber selbst dann greift Armstrongs Argumentation nicht."

„Warum nicht?", fragte ich.

„Auch in sehr liberalen Kreisen datieren Wissenschaftler das Markus-Evangelium auf die siebziger Jahre des ersten Jahrhunderts, Matthäus und Lukas auf die achtziger Jahre und Johannes auf die neunziger Jahre. Doch beachten Sie: Das alles liegt immer noch innerhalb der Lebensjahre verschiedener Zeitgenossen Jesu, inklusive einiger ablehnend eingestellter Augenzeugen, die garantiert Einspruch erhoben hätten, wenn falsche Lehren über Jesus verbreitet worden wären.

Folglich sind auch diese späten Daten für die Abfassung der Evangelien gar nicht so spät. Ich kann Ihnen dazu zwei sehr aufschlussreiche Vergleiche nennen.

Die zwei frühesten Biografien über Alexander den Großen wurden von Arrian und Plutarch verfasst, und zwar mehr als 400 Jahre nach dem Tod Alexanders des Großen im Jahr 323 vor Christus. Und trotzdem halten die Wissenschaftler sie im Allgemeinen für glaubwürdig. Natürlich entwickelten sich im Laufe der Zeit Legenden um Alexander den Großen, doch erst in den Jahrhunderten nach Arrian und Plutarch.

Mit anderen Worten: Alexanders Geschichte blieb die ersten 400 Jahre lang nahezu unbeschadet. Die Legenden entstanden erst in den nachfolgenden 500 Jahren. Im Vergleich dazu spielt es eigentlich keine Rolle, ob die Evangelien nun erst 60 oder schon 30 Jahre nach dem Tod Jesu niedergeschrieben wurden. Diese Zeitspanne kann man nach meiner Überzeugung nahezu völlig vernachlässigen."

Ich konnte nachvollziehen, was Blomberg sagen wollte. Und gleichzeitig hatte ich einige Vorbehalte dagegen. Für mich schien es logisch zu sein, dass Aufzeichnungen umso weniger in der Gefahr standen, Opfer von Legenden oder schlechtem Gedächtnis zu werden, je kürzer der Abstand zwischen tatsächlichem Geschehen und schriftlicher Abfassung des Geschehens war.

„Ich möchte Ihren Punkt erst mal so stehen lassen, aber kommen wir noch einmal auf die Datierung der Evangelien zurück", sagte ich. „Sie haben angedeutet, dass Sie glauben, die Evangelien seien vor dem von Ihnen erwähnten Zeitpunkt geschrieben worden."

„Ja, früher", entgegnete er. „Und wir können diese Annahme stützen, indem wir einen Blick in die Apostelgeschichte werfen, die ebenfalls von Lukas verfasst wurde. Die Apostelgeschichte endet offensichtlich unvollendet – Paulus ist eine zentrale Figur des Buches und steht in Rom unter Hausarrest. Damit hört das Buch abrupt auf. Was passiert mit Paulus? Aus der Apostelgeschichte erfahren wir das nicht, vermutlich, weil das Buch vor dem Tod von Paulus niedergeschrieben wurde.‘

Blomberg geriet etwas mehr in Fahrt, als er fortfuhr: „Das bedeutet, dass man die Apostelgeschichte nicht später als 62 nach Christus datieren kann. Wenn man diesen Zeitpunkt festgelegt hat, kann man von hier aus weiter zurückgehen. Da die Apostelgeschichte der zweite Teil eines zweiteiligen Werkes ist, wissen wir, dass der erste Teil – das Lukas-Evangelium – vorher geschrieben sein muss. Und da Lukas Teile aus dem Markus-Evangelium integriert, bedeutet das, dass Markus noch früher da gewesen sein muss.

Wenn Sie für die Entstehung jedes Evangeliums etwa ein Jahr rechnen, dann wurde das Markus-Evangelium nicht später als etwa 60 oder vielleicht Ende der fünfziger Jahre nach Christus geschrieben. Wenn Jesus im Jahr 30 oder 33 unserer Zeitrechnung zu Tode kam, dann geht es hier um einen zeitlichen Abstand von maximal 30 Jahren oder so."

Er lehnte sich mit einem leicht triumphierenden Gesichtsausdruck in seinem Stuhl zurück. „Historisch gesprochen, vor allem im Vergleich mit Alexander dem Großen, haben wir es hier mit einer brandaktuellen Nachrichtenmeldung zu tun."

In der Tat war es sehr eindrucksvoll zu sehen, wie sich die zeitliche Kluft zwischen dem Leben Jesu und der schriftlichen Abfassung der Evangelien so weit schloss, dass man sie nach historischen Standards vernachlässigen konnte. Doch ich wollte noch mehr. Ich wollte die Uhr so weit wie möglich zurückdrehen, um die frühest möglichen Informationen über Jesus zu bekommen.

Zurück zu den Anfängen

Ich stand auf und spazierte zu den Bücherregalen hinüber. „Können wir noch weiter zurückgehen?", fragte ich und wandte mich wieder zu Blomberg um. „Wie früh können wir die ältesten schriftlichen Zeugnisse für den Glauben an das Sühneopfer Jesu, seine Auferstehung und seine einzigartige Verbindung mit Gott ansetzen?"

„Sie müssen berücksichtigen, dass die Bücher des Neuen Testamentes nicht chronologisch angeordnet sind", begann er. „Die Evangelien entstanden erst nach fast allen Paulusbriefen. Paulus begann Ende der vierziger Jahre, seine Briefe zu schreiben. Die meisten seiner bekannten Briefe sind in den fünfziger Jahren entstanden. Um die frühesten Informationen zu finden, nimmt man deshalb die Paulus-Briefe und untersucht, ob es Anzeichen dafür gibt, dass in ihnen noch frühere Quellen verwendet wurden."

„Und", hakte ich nach, „was findet man?"

„Man findet heraus, dass Paulus einige Glaubensbekenntnisse oder Hymnen der Urkirche integriert hat. Diese gehen auf die Anfänge der Kirche nach der Auferstehung Jesu zurück.

Zu den bekanntesten Glaubensbekenntnissen zählen der Philipper-Brief, Kapitel 2, Verse 6 bis 11, wo es heißt, dass Jesus ,Gott gleich‘ war, und der Kolosser-Brief, Kapitel 1, Verse 15 bis 20, das ihn als das ,Ebenbild des unsichtbaren Gottes‘ beschreibt, der alle Dinge erschaffen und durch den alle Dinge mit Gott versöhnt sind, der ,Friede gestiftet hat am Kreuz durch sein Blut‘.

Diese Glaubensbekenntnisse sind wichtig, weil sie uns erklären, woran die ersten Christen in Bezug auf Jesus geglaubt haben. Doch was den historischen Jesus betrifft, ist das 15. Kapitel des 1. Korinther-Briefes vielleicht am wichtigsten, wo Paulus Fachsprache verwendet, um zu erklären, dass er die mündliche Überlieferung in relativ fixierter Form weitergab.“

Blomberg suchte den Abschnitt in seiner Bibel und las ihn mir vor.

„Denn vor allem habe ich euch überliefert, was auch ich empfangen habe: Christus ist für unsere Sünden gestorben, gemäß der Schrift, und ist begraben worden. Er ist am dritten Tag auferweckt worden, gemäß der Schrift, und erschien dem Kephas, dann den Zwölf. Danach erschien er mehr als fünfhundert Brüdern zugleich; die meisten von ihnen sind noch am Leben, einige sind entschlafen. Danach erschien er dem Jakobus, dann allen Aposteln.“[7]

„Und jetzt kommt der entscheidende Punkt“, fuhr Blomberg fort. „Wenn wir die Kreuzigung schon um 30 nach Christi

Geburt ansetzen, dann kam Paulus um 32 nach Christus zum Glauben. Paulus wurde sofort nach Damaskus geführt, wo er einen Christen namens Hananias und andere Christen traf. Sein erstes Treffen mit den Aposteln in Jerusalem dürfte ungefähr im Jahre 35 stattgefunden haben. Irgendwann in dieser Zeit bekam Paulus dieses Glaubensbekenntnis, das schon fertig formuliert war und in der Urgemeinde verwendet wurde. In ihm finden Sie die wesentlichen Fakten über den Tod Jesu, zur Vergebung unserer Sünden und zusätzlich eine detaillierte Liste der Personen, denen er in auferstandener Form begegnet ist – und das alles erst zwei bis fünf Jahre nach den eigentlichen Ereignissen!

Das ist alles andere als Mythologie, die sich 40 Jahre oder noch später gebildet hat, wie Armstrong behauptet. Man kann mit gutem Recht feststellen, dass der christliche Glaube an die Auferstehung, wenn auch nicht in schriftlich fixierter Form, schon zwei Jahre nach dem eigentlichen Geschehen zu datieren ist.

Und das ist äußerst entscheidend", fügte er mit Nachdruck hinzu. „Denn nun geht es nicht um 30 oder 60 Jahre im Vergleich zu 500 Jahren, was bei anderen Daten durchaus akzeptabel sein kann, sondern es geht um zwei Jahre!"

Ich konnte die Tragweite dieser Beweisführung nicht leugnen. Sie schien der Anklage den Wind aus den Segeln zu nehmen, dass die Auferstehung – die den Christen als krönende Bestätigung für die Gottheit Jesu gilt – lediglich ein mythologisches Konstrukt war, das sich im Laufe der Zeit gebildet hatte, während die Legendenbildung die Augenzeugenberichte unterwanderte. Für mich als Skeptiker war dies einer meiner größten Einwände gegenüber dem christlichen Glauben gewesen.

Einige Zeit später schloss ich meine Aktenmappe und bedankte mich bei Blomberg für das Gespräch. Unsere Unterhaltung vergrößerte mein Vertrauen in die Glaubwürdigkeit der Evangelien und ihrer Berichte, die Geschichte von Weihnachten eingeschlossen. Doch es gab immer noch einige irritierende Puzzleteile, die in Bezug zu Jesu Geburt standen, die nur ein Archäologe für mich klären konnte. Und diese offenen Fragen führten mich zu dem Verfasser des Buches *Archaeology and the New Testament*: John McRay.

Kapitel 2

Der wissenschaftliche Beweis

Bestätigt oder widerlegt die Archäologie die Biografien von Jesu?

Mein Essen mit Dr. Jeffrey MacDonald hatte etwas Surreales an sich. Da saß er in einem Konferenzraum eines Gerichtsgebäudes in North Carolina, kaute an einem Thunfischsandwich mit Pommes, machte optimistische Kommentare und amüsierte sich. In einem Nachbarraum machten ein Dutzend Geschworene Pause, nachdem sie schauerliche Einzelheiten darüber gehört hatten, wie MacDonald seine Ehefrau und seine beiden kleinen Töchter umgebracht haben sollte. Auch für mich war das, was ich gehört hatte, eine emotionale Herausforderung.

Als wir mit dem Essen fertig waren, konnte ich mich nicht mehr zurückhalten und fragte MacDonald: „Wie können Sie so tun, als ob nichts wäre?" In meiner Stimme mischten sich Erstaunen und Wut. „Haben Sie nicht das kleinste bisschen Angst, dass diese Geschworenen Sie für schuldig erklären werden?"

MacDonald wedelte mit dem Rest seines Sandwiches in die allgemeine Richtung des Gerichtssaales. „Die?", gluckste er. „Die werden mich nie überführen."

Dann realisierte er wohl, wie zynisch seine Worte klangen, und fügte schnell hinzu: „Ich bin nämlich unschuldig, wissen Sie."

Das war das letzte Mal, dass ich ihn lachen hörte. In den folgenden Tagen wurde der ehemalige Notarzt für schuldig befunden, seine Frau Colette und seine fünf- und zweijährigen Töchter Kimberley und Kristen erstochen zu haben. Er wurde zu lebenslanger Haft verurteilt und sofort in Handschellen abgeführt.

MacDonald, dessen Geschichte von Joe McGinnis in dem Bestseller und Film „Ich bin kein Mörder" recherchiert wurde, war anmaßend genug zu denken, dass sein Alibi ihn vor dem Mordverdacht schützen würde.

Er hatte den Ermittlungsbeamten erzählt, dass er auf dem Sofa eingeschlafen war, als er mitten in der Nacht von Hippies geweckt wurde, die augenscheinlich unter Drogen standen. Er sagte, er hätte sie abwehren wollen und sei dabei mit dem Messer bedroht und niedergeschlagen worden. Als er aufwachte, fand er seine Familie – niedergemetzelt.

Die Ermittler waren von Anfang an skeptisch. Das Wohnzimmer wies nur wenige Spuren auf, die auf einen Kampf hindeuteten. MacDonalds Verletzungen waren nur oberflächlich. Obwohl er schlecht sah und in der Tatnacht angeblich seine Brille nicht getragen hatte, war er in der Lage, detaillierte Beschreibungen der Angreifer zu liefern.

Doch Skepsis alleine führt noch zu keinem Schuldspruch; dazu sind stichfeste Beweise nötig. In MacDonalds Fall griffen die Ermittler auf wissenschaftliche Beweise zurück, um sein Netz aus Lügen zu entwirren und ihn des Mordes zu überführen.

In Strafprozessen kann man eine große Bandbreite verschiedener wissenschaftlicher Verfahren anwenden, angefangen mit der DNA-Analyse über forensische Anthropologie bis hin zur Toxikologie. In MacDonalds Fall brachten

45

ihn Bluttests und die Beweise der Spurensicherung auf die Anklagebank.

Durch einen außergewöhnlichen Zufall hatte jedes Mitglied dieser Familie eine andere Blutgruppe. Durch die Analyse der im Haus verteilten Blutspritzer konnte die Reihenfolge der tödlichen Ereignisse dieses Abends rekonstruiert werden – und diese widersprach MacDonalds Schilderung dessen, was sich zugetragen hatte.

Auch wissenschaftliche Untersuchungen der winzigen blauen Schlafanzugfasern, die an verschiedenen Orten gefunden wurden, widerlegten sein Alibi. Und eine Mikroskop-Analyse zeigte schließlich, dass die Löcher in seinem Schlafanzug nicht, wie er angegeben hatte, von einem Eispickel stammten, den die angeblichen Einbrecher bei sich hatten. Kurz gesagt: Die Techniker des FBI in ihren weißen Laborkitteln überführten MacDonald letztlich.[8]

Wissenschaftliche Beweise können auch zur Lösung der Frage beitragen, ob die Berichte des Neuen Testamentes über Jesus exakt sind. Wenn auch Serologie und Toxikologie in diesem Fall weniger hilfreich sind, kann eine andere wissenschaftliche Disziplin – die Archäologie – die Zuverlässigkeit der Evangelien stützen.

Die Archäologie verfolgt das Ziel, Kunstgegenstände, Architektur, Münzen, Bauwerke, Dokumente und andere Überbleibsel aus der Antike zum Vorschein zu bringen. Experten beschäftigen sich dann mit diesen Relikten, um zu erfahren, wie das Leben zu der Zeit aussah, als Jesus über die staubigen Straßen des antiken Palästinas wanderte.

Hunderte von archäologischen Funden aus dem ersten Jahrhundert wurden bereits ausgegraben, und ich war sehr neugierig, ob sie die Berichte der Augenzeugen über Jesus untergraben oder untermauern würden.

Also suchte ich nach einer anerkannten Autorität, die persönlich in den Ruinen des Nahen Ostens an Ausgrabungen beteiligt war, die ein enzyklopädisches Wissen in Bezug auf antike Funde hatte und genug wissenschaftliche Zurückhaltung besaß, um die Grenzen der Archäologie anzuerkennen, und gleichzeitig erklären konnte, inwieweit sie Einblick in das Leben des ersten Jahrhunderts geben kann.

Das Interview mit John McRay

Wenn sich Wissenschaftler und Studenten mit Archäologie beschäftigen, arbeiten sie in den meisten Fällen das umfassende Buch *Archaeology and the New Testament* von John McRay durch.

Nach seinem Studium an der *Hebrew*-Universität, an der *École Biblique et Archéologique Française* in Jerusalem, an der *Vanderbilt University Divinity School* und der Universität von Chicago erwarb McRay 1967 seinen Doktortitel. Später war er mehr als 15 Jahre lang Professor für Neues Testament und Archäologie in Wheaton.

Ich wollte für unser Gespräch zunächst testen, ob er den Einfluss der Archäologie überbewertete, und fragte ihn deshalb, was die Archäologie uns in Bezug auf die Zuverlässigkeit des Neuen Testamentes *nicht* sagen könne.

„Die Archäologie hat einige wichtige Beiträge geleistet", begann er, „und doch kann sie sicher nicht beweisen, dass das Neue Testament das Wort Gottes ist. Wenn wir in Israel graben und antike Stätten an den in der Bibel beschriebenen Orten finden, dann bedeutet das, dass Geschichte und Geographie der Bibel präzise sind. Doch es bedeutet noch lange nicht, dass auch das richtig ist, was Jesus sagte.

Geistliche Aussagen lassen sich mit archäologischen Funden weder belegen noch widerlegen."

Er führte die Geschichte von Heinrich Schliemann an, der nach Troja gesucht hatte, um die historische Genauigkeit von Homers „Ilias" zu belegen. „Er fand Troja", sagte McRay mit einem kleinen Lächeln, „aber das bewies nicht, dass die ‚Ilias' wahr war. Sie war lediglich in einer konkreten geographischen Angabe korrekt."

Nachdem wir abgegrenzt hatten, was die Archäologie leisten kann und was nicht, wollte ich wissen, was sie uns über das Neue Testament sagen kann. Ich entschloss mich, das Thema mit einer Beobachtung einzuleiten, die ich in meinem Job gemacht hatte.

Nach der Wahrheit graben

Wenn Journalisten und Rechtsanwälte herausfinden wollen, ob ein Zeuge die Wahrheit sagt, überprüfen sie alle Elemente seiner Aussage, die man überprüfen kann. Wenn diese Untersuchung ergibt, dass der Zeuge bei diesen Details die Unwahrheit sagt, lässt dies an der Glaubwürdigkeit seiner ganzen Aussage zweifeln. Doch wenn die Einzelheiten stimmen, kann das ein Anzeichen – kein Beweis! – dafür sein, dass der Zeugenbericht in seiner Gesamtheit zuverlässig ist.

Wenn ein Mann beispielsweise von einer Fahrt von St. Louis nach Chicago berichtet und erwähnt, dass er unterwegs in Springfield/Illinois Halt machte, um den Film „Die Passion Christi" im Odeon-Kino anzuschauen, und dabei einen großen Schokoriegel einer bestimmten Marke aß, den er an der Kinokasse gekauft hatte, kann man nachforschen, ob es in Springfield ein Kino dieses Namens gibt, ob dort zur entsprechenden Zeit dieser Film gezeigt wurde und ob man diese bestimmten Schokoriegel kaufen konnte. Wenn die Ergebnisse seinen Aussagen widersprechen, beeinträchtigt dies seine Glaubwürdigkeit ernsthaft. Wenn die nachgeprüften Details korrekt sind, bedeutet das nicht notwendigerweise, dass seine ganze Geschichte wahr ist, aber es verbessert seinen Ruf als präziser Zeuge.

In gewisser Weise leistet die Archäologie genau das. Wenn sich herausstellt, dass Details, die ein antiker Historiker erwähnt, richtig sind, dann wächst unser Vertrauen in anderes Material, das von diesem Historiker stammt, selbst wenn wir es nicht überprüfen können.

Ich fragte McRay nach seiner professionellen Meinung. „Bestätigt oder widerlegt die Archäologie das Neue Testament, wenn man die Details in diesen Berichten nachprüft?"

McRay antwortete, ohne zu zögern. „Oh, das ist überhaupt keine Frage. Natürlich erhöht sie die Glaubwürdigkeit des Neuen Testamentes", sagte er, „genauso wie sich die Glaubwürdigkeit jedes antiken Dokumentes erhöht, wenn man gräbt und merkt, dass der Autor ein bestimmtes Ereignis oder einen konkreten Ort präzise geschildert hat."

Als Beispiel führte er seine eigenen Ausgrabungen in Cäsarea an der Küste Israels an, wo der Hafen von Herodes dem Großen gefunden wurde.

„Lange Zeit stellte man die Stichhaltigkeit einer Aussage bei Josephus in Frage, der behauptete, dass dieser Hafen so groß sei wie der von Piräus, was damals der sehr große Hafen von Athen war. Die Leute dachten immer, Josephus hätte Unrecht, denn wenn man sich die Steine unter der Wasseroberfläche im heutigen Hafenbecken anschaut, schien der Hafen nicht sehr groß gewesen zu sein.

Doch als wir mit den Ausgrabungen unter Wasser begannen, merkten wir, dass sich der Hafen unter Wasser weit hinaus erstreckte, dass er sich abgesenkt hatte und seine Dimensionen durchaus mit dem Hafen in Piräus vergleichbar waren. So stellte sich heraus, dass Josephus doch Recht hatte. Für uns war dies ein Beleg dafür, dass Josephus durchaus wusste, worüber er schrieb."

Wie verhielt es sich mit den Autoren des Neuen Testamentes? Wussten sie wirklich, worüber sie schrieben? Dieser Frage wollte ich in meinem nächsten Anlauf nachgehen.

Die Genauigkeit der historischen Angaben bei Lukas

Der Arzt und Historiker Lukas verfasste sowohl das Evangelium, das seinen Namen trägt, als auch die Apostelgeschichte, zusammen also etwa ein Viertel des gesamten Neuen Testamentes. Die Evangelien von Lukas und Matthäus sind die einzigen, die etwas Genaueres über die Geburt Jesu berichten.

Man geht davon aus, dass Lukas persönlich einige Augenzeugen interviewt hat, die Details über die Geburt Jesu, über seinen Tod und seine Auferstehung wussten. Tatsächlich hat dieser Gefährte des Apostels Paulus „alles von Anfang an sorgfältig erkundet", damit er „in guter Ordnung" etwas über „den sicheren Grund der Lehre" aufschreiben konnte.[9] Es bestand also für die Leser seines Evangeliums kein Grund, an seiner korrekten Aufzeichnung der historischen Ereignisse zu zweifeln.

Aber auch mir war die Frage nicht unwichtig, ob Lukas ein Historiker war, dessen Angaben man vertrauen konnte.

„Wenn Archäologen die Details nachprüfen, die er erwähnt hat", sagte ich, „kommen sie dann zu dem Ergebnis, dass Lukas sorgfältig war oder eher nachlässig?"

„Sowohl liberale als auch konservative Wissenschaftler sind sich im Allgemeinen darüber einig, dass Lukas als Historiker sehr sorgfältig gearbeitet hat", erwiderte McRay. „Er war gebildet, sprachlich gewandt, sein Griechisch hat fast klassische Qualität, er schrieb wie ein gebildeter Mann, und archäologische Funde zeigen immer wieder, dass Lukas in dem, was er schrieb, sehr akkurat war."

Geht das Christentum auf bestehende Mythen zurück?

Skeptiker vertreten die Überzeugung, dass das Christentum – unter anderem auch die darin propagierte Vorstellung von der jungfräulichen Geburt – nur auf ältere heidnische Religionen zurückgeht. „Aber das ist nicht wahr", sagt der Apologet Alex McFarland. Im Gegensatz zu den Mythen „geht es im Neuen Testament um Personen, die wirklich existiert haben, und Ereignisse, die tatsächlich geschehen sind – und beides kann man auch nachprüfen".

Die Wissenschaftlerin Gretchen Passantino stimmt ihm zu und betont, dass die Geburt Jesu Christi sich radikal von den mythologischen Geschichten unterscheidet. „Zum Beispiel geht es in den Mythen niemals um eine Jungfrau, die freiwillig durch die unsichtbare Kraft eines Gottes ein Kind empfängt. Stattdessen finden wir dort reißerische Berichte über lüsterne Götter, die unwilligen Frauen Sex aufzwingen", erklärt sie. „Statt um die Menschwerdung eines Gottes geht es in den Mythen um halbmenschliche, halbgöttliche Superhelden, die dieselben Schwächen und Fehler haben und dasselbe Versagen erleben wie wir."

Albert Schweitzer sagte einmal, diejenigen, die behaupten, das Christentum sei aus solchen Mythen hervorgegangen, „erschaffen aus unterschiedlichen Informationsfragmenten eine Art von Universal-Mysterien-Religion, die es niemals gegeben hat". Und auch C. S. Lewis bestätigt, dass das Christentum in einem Kreis entstanden ist, in dem es keinerlei Naturreligionen gegeben hat.

Er fügte hinzu, dass es verschiedene Fälle gab, in denen Wissenschaftler ähnlich wie bei dem Hafen von Cäsarea zuerst dachten, dass Lukas sich geirrt hätte. Spätere Funde hatten aber dann erwiesen, dass er doch Recht hatte.

Lukas erwähnt beispielsweise, dass Lysanias um 27 nach Christus Tetrarch von Abilene war (vgl. Lukas 3,1). Viele Jahre lang werteten Wissenschaftler diese Angabe als Beweis dafür, dass der Evangelist nicht wusste, wovon er schrieb, weil doch jedem bekannt war, dass Lysanias kein Tetrarch war, sondern vielmehr ein halbes Jahrhundert später der Herrscher von Chalkis. Und wenn Lukas nicht einmal eine so einfache Tatsache richtig wiedergeben konnte, wie sollte man dann dem Rest trauen?

An diesem Punkt griff die Archäologie ein. „Später fand man eine Inschrift aus der Regierungszeit des Tiberius, also aus der Zeit von 14 bis 37 unserer Zeitrechnung, auf der Lysanias als Tetrarch von Abilene bei Damaskus genannt wird – genau so, wie Lukas es geschrieben hatte", erklärte McRay.

„Es stellte sich heraus, dass es zwei offizielle Regierungsbeamte mit dem Namen Lysanias gab. Und wieder einmal zeigte sich, dass Lukas exakte Angaben gemacht hatte."

Ein weiteres Beispiel ist Lukas' Hinweis auf die „Politarchen", die Stadtpräfekten, der Stadt Thessalonich (vgl. Apostelgeschichte 17,6). „Lange dachte man, dass Lukas hier etwas verwechselt hat, weil man den Begriff ‚Politarchen' in keinem antiken römischen Dokument gefunden hatte", erklärte mir McRay.

„Doch später fand man eine Gewölbeinschrift aus dem ersten Jahrhundert, die mit den Worten beginnt: ‚In der Zeit der Politarchen [...].' Sie können ins Britische Museum gehen und sich die Inschrift selbst anschauen. Und danach fanden Archäologen noch über 35 weitere Inschriften, die die Politarchen erwähnen. Darunter auch einige in Thessalonich aus der Zeit, auf die sich Lukas bezieht. Und wieder hatten die Kritiker Unrecht und es wurde bewiesen, dass Lukas Recht hatte."

Ein prominenter Archäologe überprüfte sorgfältig Lukas' Verweise auf 32 Länder, 54 Städte und 9 Inseln und fand dabei keinen einzigen Fehler.[10]

Das nach meiner Überzeugung Entscheidende aber ist die folgende Aussage: „Wenn Lukas so penibel genau bei seinen historischen Angaben war", ist in einem Buch zu diesem Thema zu lesen, „auf welcher logischen Grundlage können wir dann annehmen, dass er leichtgläubig oder ungenau war, wenn er über Dinge berichtete, die ihm und vielen anderen bedeutend wichtiger waren?"[11]

Und hier geht es um Themen wie die Auferstehung Jesu, das wichtigste Indiz für seine Gottheit, die – wie Lukas schreibt – „durch viele Beweise" bestätigt ist.[12]

Die Zuverlässigkeit von Johannes

Die Archäologie mag ja die Zuverlässigkeit von Lukas belegen, doch ist dieser nicht der einzige Autor des Neuen Testamentes. Ich fragte mich, was die Wissenschaftler wohl zu Johannes sagten, der sein Evangelium sehr eloquent beginnt und etwas ungewöhnlich von der Menschwerdung an diesem ersten Weihnachten berichtet – davon, dass „das Wort", oder Jesus Christus, „ein Mensch [wurde], ein wirklicher Mensch von Fleisch und Blut. Er lebte unter uns".[13]

Das Johannes-Evangelium erscheint manchmal etwas suspekt, weil der Verfasser von Orten spricht, deren Existenz sich nicht überprüfen lässt. Einige Wissenschaftler erklärten, dass Johannes nicht allzu dicht an den Ereignissen des Lebens Jesu dran gewesen sein kann, wenn er nicht einmal diese grundlegenden Details richtig überliefern kann.

In den letzten Jahren wurde jedoch diese Schlussfolgerung erschüttert. „Es gab einige Funde, die zeigten, dass Johannes sehr genau war", erklärte McRay. „Im Johannes-Evangelium, Kapitel 5, Verse 1 bis 15 wird beispielsweise berichtet, wie Jesus am Teich von Betesda einen Kranken heilt. Johannes erwähnt das Detail, dass der Teich fünf Säulenhallen hatte. Lange Zeit führte man diese Stelle an, um zu beweisen, dass Johannes ungenau war, da man diese Säulenhallen nicht gefunden hatte.

Doch inzwischen wurde der Teich von Betesda ausgegraben – er liegt etwa zwölf Meter unter dem Meeresspiegel – und natürlich fanden sich auch fünf Säulenhallen, also fünf mit Säulen gesäumte Hallen und Fußwege, genau so wie Johannes es beschrieben hatte. Und man entdeckte andere Orte, etwa den Teich von Siloam aus dem

Johannes-Evangelium, Kapitel 9, Vers 7, den Jakobsbrunnen aus Johannes 4, Vers 12, den wahrscheinlichen Ort des Richterstuhles in der Nähe des Jaffatores, vor dem Jesus vor Pilatus erscheinen musste (wie im Johannes-Evangelium, Kapitel 19, Vers 13 beschrieben), und sogar die Identität des Pilatus – lauter Details, die das Johannes-Evangelium historisch glaubwürdig machen."

„Das alles untergräbt also die Behauptung, das Johannes-Evangelium könne überhaupt nicht genau sein, weil es so viele Jahre nach dem Leben Jesu verfasst wurde", hakte ich nach.

„Ja, genau", entgegnete er.

Ich fragte McRay, ob er jemals einem archäologischen Fund begegnet war, der den Angaben des Neuen Testamentes direkt widersprochen hatte.

Er schüttelte den Kopf. „Die Archäologie hat nie etwas zu Tage gefördert, was in eindeutigem Widerspruch zur Bibel stand", erwiderte er selbstbewusst. „Im Gegenteil: Die Archäologie hat viele Meinungen von Skeptikern widerlegt, die im Laufe der Jahre zu ‚Fakten' geworden waren."

Doch es gab noch einige Punkte, die ich klären wollte. Ich zog meine Notizen heraus und konfrontierte McRay mit drei schon lange bestehenden Rätseln, die auch die Archäologie vielleicht nur schwer erklären konnte.

Rätsel Nr. 1: Die Volkszählung

Lukas behauptet in seinem Bericht über die Geburt Jesu, dass Maria und Josef wegen einer Volkszählung gezwungen waren, in Josefs Heimatstadt Bethlehem zu reisen.

„Ehrlich gesagt", fragte ich, „ist das nicht völlig absurd? Wie konnte die Regierung alle Bürger dazu zwingen, an ihren Geburtsort zurückzukehren? Gibt es irgendwelche

archäologischen Beweise dafür, dass diese Art von Volkszählung jemals stattgefunden hat?"

McRay zog bedächtig ein Exemplar seines Buches hervor.
„Die Entdeckung antiker Zensusformen hat inzwischen etwas Licht auf diese Praxis geworfen", sagte er und überflog
die Seiten. Als er die Stelle gefunden hatte, die er suchte,
zitierte er aus einer offiziellen Regierungsverordnung aus
dem Jahr 104 nach Christus:

„Gaius Vibinius Maximus, der Präfekt von Ägypten [sagt]:
*Da die Zeit gekommen ist, das Volk Haus für Haus zu zäh-
len, ist es nötig, all diejenigen, die außerhalb ihrer Provinzen
wohnen, dazu aufzufordern, in ihre eigenen Häuser zurückzukehren, damit die Volkszählung ordnungsgemäß durchgeführt werden kann und sie sich auch eifrig um die Pflege ihres
Besitzes kümmern können.*"[14]

„Wie Sie sehen", sagte er und schloss das Buch, „wird diese
Praxis durch dieses Dokument bestätigt, auch wenn Ihnen
diese Vorgehensweise seltsam vorkommen mag. Ein anderer
Papyrus aus dem Jahr 48 nach Christus lässt erkennen, dass
die ganze Familie in diese Volkszählung eingebunden war."

Dennoch war damit das Problem noch nicht ganz gelöst.
Lukas schrieb, dass die Volkszählung, die Maria und Josef
nach Jerusalem brachte, durchgeführt wurde, als Quirinius
unter Herodes dem Großen Statthalter von Syrien war.

„Das wirft ein ernsthaftes Problem auf", erklärte ich,
„weil Herodes im Jahre 4 unserer Zeitrechnung starb und
Quirinius erst im Jahre 6 die Regierung über Syrien über-
nahm. Kurz danach setzte er die Volkszählung an. Hier
haben wir eine große zeitliche Lücke. Wie können Sie mit
solchen zeitlichen Abweichungen umgehen?"

McRay wusste, dass ich ein Thema ansprach, mit dem Archäologen schon seit vielen Jahren kämpften. Er antwortete: „Ein bedeutender Archäologe namens Jerry Vardaman hat in dieser Hinsicht großartige Arbeit geleistet. Er fand eine Münze mit dem Namen des Quirinius in einer sehr kleinen Schrift, die wir ‚mikrographische‘ Schrift nennen. Diese Münze weist ihn als Prokonsul von Syrien und Kilikien von 11 vor Christus bis in die Zeit nach dem Tod des Herodes aus."

Ich war verwirrt. „Was heißt das?", fragte ich.

„Das bedeutet, dass es offensichtlich zwei Personen dieses Namens gab", erwiderte er. „Es ist nicht ungewöhnlich, dass viele Römer dieselben Namen tragen, deshalb besteht kein Grund, daran zu zweifeln, dass es nicht auch zwei Personen mit dem Namen Quirinius gegeben haben kann. Die Volkszählung hätte demnach unter der Herrschaft des früheren Quirinius stattgefunden. Wenn man davon ausgeht, dass Volkszählungen etwa alle 14 Jahre abgehalten wurden, dann passen die Daten ziemlich gut."

Rätsel Nr. 2: Die Existenz von Nazareth

Viele Christen wissen überhaupt nicht, dass Skeptiker lange Zeit behauptet haben, dass Nazareth zu der Zeit überhaupt nicht existierte, als Jesus dort seine Kindheit verbracht haben soll.

In einem Artikel mit dem Titel *Where Jesus Never Walked* schreibt der Atheist Frank Zindler, dass Nazareth weder im Alten Testament erwähnt wird noch bei Paulus, noch im „Talmud" (obwohl dort 63 andere galiläische Städte aufgeführt sind), noch bei Josephus (der 45 andere Dörfer und Städte in Galiläa aufführt, inklusive Jaffa, das nur etwa eineinhalb Kilometer vom heutigen Nazareth entfernt liegt).

Kein antiker Historiker oder Geograph erwähnt Nazareth vor dem Beginn des vierten Jahrhunderts.[15]

Dieses Nichtvorhandensein von Beweisen erschien mir verdächtig. Also fragte ich McRay ganz direkt: „Gibt es irgendwelche archäologischen Beweise dafür, dass Nazareth im ersten Jahrhundert existierte?"

Diese Fragestellung war nicht neu für McRay. „Dr. James Strange von der ‚University of South Florida' ist Experte auf diesem Gebiet. Er beschreibt Nazareth als sehr kleines Gebiet von etwa 2 400 Ar mit maximal 480 Bewohnern zu Beginn des ersten Jahrhunderts", erwiderte McRay.

„Woher weiß er das?", hakte ich nach.

„Strange schreibt, dass nach dem Fall von Jerusalem im Jahr 70 im Tempel keine Priester mehr nötig waren, da der Tempel zerstört war. Deshalb wurden die Priester in verschiedene andere Orte geschickt, sogar nach Galiläa. Archäologen haben eine Liste in aramäischer Sprache gefunden, in der aufgeführt wird, wohin die 24 Priesterfamilien umgesiedelt wurden. Darunter findet sich auch eine Familie, die in Nazareth registriert ist. Das zeigt, dass es dieses winzige Dorf zu dieser Zeit gegeben haben muss."

Außerdem, so erklärte er mir, gab es archäologische Ausgrabungen, bei denen in der Nähe von Nazareth Grabstätten aus dem ersten Jahrhundert gefunden wurden, wodurch sich Rückschlüsse auf die Dorfgrenzen ziehen lassen, da jüdische Begräbnisse außerhalb der Stadt stattfinden mussten. Zwei Grabstätten enthielten Grabbeigaben wie Öllampen, Glasgefäße und Vasen, die aus dem ersten, dritten und vierten Jahrhundert stammten.

McRay zog ein Exemplar eines Buches des renommierten Archäologen Jack Finegan aus dem Regal und las mir daraus Finegans Analyse der Funde vor: „Von den Grabstätten [...]

kann man darauf schließen, dass Nazareth zur Zeit der Römer eine stark jüdische Siedlung war."[16]

McRay blickte auf. „Es gab Diskussionen über den Standort bestimmter Orte des ersten Jahrhunderts, etwa wo genau sich das Grab Jesu befand, doch unter Archäologen bestanden eigentlich nie große Zweifel über die Lage von Nazareth. Die Beweislast liegt bei denen, die an seiner Existenz zweifeln."

Das schien einleuchtend zu sein. Selbst der normalerweise sehr kritische Ian Wilson, der frühchristliche Funde beschreibt, die 1955 unter einer Kirche im heutigen Nazareth gefunden wurden, kam zu dem Schluss: „Solche Funde legen nahe, dass Nazareth zur Zeit Jesu existierte. Doch es besteht kein Zweifel daran, dass es ein sehr kleiner und unbedeutender Ort gewesen sein muss."[17]

So unbedeutend, dass Nathanaels Grübelei, die uns im Johannes-Evangelium geschildert wird, jetzt mehr Sinn macht: „Aus Nazareth?", sagte er. „Kann von dort etwas Gutes kommen?"[18]

Rätsel Nr. 3: Der Kindermord in Bethlehem

Das Matthäus-Evangelium zeichnet eine grausige Szenerie: Herodes der Große, der König von Juda, fühlt sich durch die Geburt eines Babys bedroht, das, wie er fürchtet, Anspruch auf seinen Thron erheben könnte. Deshalb schickt er seine Truppen aus, um in Bethlehem alle Kinder bis zum Alter von zwei Jahren töten zu lassen. Von einem Engel gewarnt, kann Josef mit Maria und Jesus nach Ägypten entkommen. Erst nach dem Tod von König Herodes kehren sie zurück und lassen sich in Nazareth nieder. Mit dieser ganzen Episode erfüllen sich drei alttestamentliche Prophetien über den Messias.[19]

Der Weihnachtsstern

Handelte es sich dabei um einen Kometen? Um einen Asteroiden? Eine bestimmte Sternenkonstellation? Es wurden eine Menge Gründe angeführt, um die Existenz des Weihnachtssterns zu erklären, der die Weisen aus dem Osten zum Christkind führte. Der Astronom Hugh Ross führt als mögliche Erklärung die Geburt eines neuen Sterns an.

„Eine gut sichtbare Nova (ein Stern, dessen Helligkeit sich über einen relativ kurzen Zeitraum signifikant erhöht und sich dann über Monate oder Jahre wieder verdunkelt) kommt etwa einmal alle zehn Jahre vor", erklärte er mir. „Novae treten eigentlich selten genug auf, dass sie das Interesse von Beobachtern auf sich ziehen – vor allem, wenn sie so aufmerksam und gebildet waren, wie die Weisen es wohl gewesen sind. Andererseits sind sie unspektakulär genug, dass sie vielen anderen Menschen nicht auffallen."

Die meisten Novae explodieren einmalig, aber bei anderen verändert sich die Helligkeit über Monate oder Jahre mehrfach. Dies könnte ein Grund dafür sein, warum Matthäus davon berichtet, dass der Stern mal zu sehen war und dann wieder nicht.

Das Problem ist: Es gibt keinen unabhängigen Beweis dafür, dass dieser Massenmord tatsächlich stattgefunden hat. Es findet sich darüber nichts bei Josephus oder anderen Historikern. Es gibt keine archäologischen Funde. Es gibt keinerlei Berichte oder Dokumente.

Wie kann das sein?

„Ein Ereignis dieser Tragweite würde doch sicher nicht nur von Matthäus bemerkt werden", beharrte ich. „Muss man nicht davon ausgehen, dass dieses Gemetzel nie stattgefunden hat, wenn sich dafür absolut keine historischen oder archäologischen Beweise finden lassen?"

„Ich verstehe, warum Sie das sagen", antwortete McRay. „Heute würde ein Ereignis wie dieses sofort durch alle Medien gehen. Dennoch müssen Sie sich ins erste Jahrhundert zurückversetzen und ein paar Punkte berücksichtigen. Erstens war Bethlehem vermutlich nicht größer als Nazareth. Wie viele Kinder in diesem Alter gab es wohl in einem Ort mit fünf- oder sechshundert Einwohnern? Nicht Tausende, nicht Hunderte, sondern höchstens ein paar.

Zweitens war Herodes der Große ein blutrünstiger König. Er brachte Mitglieder seiner eigenen Familie um und eine ganze Menge Leute, von denen er sich bedroht fühlte. Wenn er also in Bethlehem ein paar Kleinkinder umbrachte, würde das sicher keine Aufmerksamkeit im Römischen Reich erregen.

Und drittens gab es kein Fernsehen, kein Radio, keine Zeitungen. Es würde einige Zeit dauern, bis sich mündliche Berichte verbreitet hätten, vor allem von einem so kleinen Dorf aus, das mitten im Nirgendwo lag, und zu einer Zeit, in der die Historiker über viel wichtigere Dinge zu schreiben hatten."

Für mich als Journalisten war das schwer zu begreifen. „Die Ereignisse waren keinen Bericht wert?", fragte ich etwas ungläubig.

„Ich denke nicht, zumindest nicht zu dieser Zeit", sagte er. „Ein Verrückter, der alle umbrachte, die eine potenzielle Bedrohung für ihn darstellten – das war bei Herodes an der Tagesordnung. Später, als sich das Christentum weiterentwickelte, wurde diesem Vorfall mehr Bedeutung beigemessen. Aber es hätte mich sehr überrascht, wenn er damals große Wellen geschlagen hätte."

Das mochte ja so sein, aber für einen Journalisten, der im Zeitalter modernster Technik und schneller und weltumspannender Kommunikationsmöglichkeiten auf der Suche nach Neuigkeiten ist, war das sehr schwer vorstellbar. Doch nach allem, was ich über das antike Palästina wusste, musste ich zugeben, dass McRays Erklärung vernünftig erschien. Als ich das Interview daher einige Zeit später beendete und nach Hause fuhr, war ich noch mehr von der Zuverlässigkeit der Aufzeichnungen in den Evangelien und den anderen neutestamentlichen Büchern überzeugt.

Oder um es mit den Worten des prominenten australischen Archäologen Clifford Wilson zu sagen: „Wer die Fakten kennt, muss das Neue Testament als bemerkenswert exakte Quelle anerkennen."[20]

Darüber hinaus wird das Neue Testament auch von anderen antiken historischen – nichtbiblischen – Quellen gestützt. „Tatsache ist, dass wir für Jesus eine bessere historische Dokumentation haben als für jede andere Religion der Antike", erklärte mir Dr. Edwin Yamauchi während meines Besuchs in der *Miami University* von Ohio.

Yamauchi erwarb seinen Doktortitel in Studien des Mittelmeerraumes an der *Brandeis University*, er ist der Verfasser von *The Scriptures and Archaeology* und *The World of the First Christians*. Als ich ihn danach fragte, welche Informationen wir außerhalb der Bibel in anderen antiken Dokumenten finden können, entgegnete er:

„Wir würden erstens wissen, dass Jesus ein jüdischer Lehrer war; zweitens, dass viele Menschen glaubten, dass er Heilungen und Exorzismus betrieb; drittens, dass ihn manche Menschen für den Messias hielten; viertens, dass er von den jüdischen Führern abgelehnt wurde; fünftens, dass er unter Pontius Pilatus in der Regierungszeit des Tiberius gekreuzigt wurde; sechstens, dass seine Nachfolger trotz seines schmählichen Todes glaubten, dass er noch lebendig war und sich über Palästina hinaus ausbreiteten, so dass es schließlich um 64 sogar in Rom eine Menge von ihnen gab; und siebtens, dass ihn Menschen in der Stadt und auf dem Land, Männer und Frauen, Sklaven und Freie als Gott verehrten."

Ein anderer Fachmann, Gary Habermas, führt in *The Historical Jesus* detailliert 93 antike Quellen auf, die das Leben Jesu in irgendeiner Weise dokumentieren. Er leitet aus ihnen über 100 Fakten ab, die das Leben Jesu, seine Lehren, seine Kreuzigung und Auferstehung betreffen.

24 der bei Habermas zitierten Quellen, darunter sieben säkulare Quellen und einige der frühesten Glaubensbekenntnisse der Kirche, beziehen sich explizit auf die Gottheit Jesu. „Diese Glaubensbekenntnisse zeigen, dass die Kirche eine Generation später nicht einfach die Gottheit Jesu lehrte, wie es in der modernen Theologie so oft dargestellt wird. Diese Doktrin ist vielmehr schon bei den ersten Christen präsent", schreibt Habermas.[21]

Und schließlich hatte mir auch Dr. Bruce Metzger, ein emeritierter Professor aus *Princeton*, eine Antwort auf meine Frage gegeben, ob die Bücher des Neuen Testaments durch die Jahrhunderte bis in die Gegenwart hinein zuverlässig überliefert worden waren. Er erklärte mir, dass es nicht nur eine beispiellose Anzahl von neutestamentlichen Handschriften gibt und dass Untersuchungen ergaben, dass diese nur kurze Zeit nach den Originaldokumenten entstanden. Er wies ebenfalls darauf hin, dass das moderne Neue

Testament in reinerer Form überliefert ist als jedes andere bedeutende Buch – in einer Form, die zu 99,5 % frei ist von inhaltlichen Diskrepanzen. Darüber hinaus ist es den Kriterien, anhand derer die ersten Kirchenleiter festlegten, welche Bücher maßgeblich waren, zu verdanken, dass wir heute die bestmöglichen Aufzeichnungen über Jesus besitzen.

Diese Aufzeichnungen machen unmissverständlich deutlich, dass das Kind in der Krippe der Sohn Gottes war. Aber war es auch in der Lage, diesen Anspruch zu untermauern?

Ich wusste, dass es einen christlichen Intellektuellen namens D. A. Carson gab, der mir dabei helfen konnte herauszufinden, ob Jesus die Wesenszüge und Fähigkeiten Gottes besaß.

Kapitel 3

Das Profil

Verkörperte Jesus die Eigenschaften Gottes?

Kurz nach dem Mord an acht Schwesternschülerinnen in einem Apartment in Chicago saß die einzige Überlebende zitternd mit einem Polizeizeichner zusammen und beschrieb detailliert den Mörder, den sie von ihrem Versteck unter dem Bett aus gesehen hatte.

Innerhalb kürzester Zeit wurde die Zeichnung in der ganzen Stadt verbreitet – unter Polizeibeamten, in Krankenhäusern, Bahnhöfen und am Flughafen. Schon bald rief der Arzt einer Unfallstation an und sagte, dass er gerade einen Mann behandelte, der dem flüchtigen Mörder auf der Zeichnung verdächtig ähnlich sähe.

Auf diese Weise gelang es der Polizei, Richard Speck festzunehmen, der umgehend dieses schrecklichen Verbrechens überführt wurde und 30 Jahre später im Gefängnis starb.[22]

Seit Scotland Yard 1889 zum ersten Mal nach den Erinnerungen eines Zeugen das Bild eines mutmaßlichen Mörders zeichnen ließ, spielen Polizeizeichner eine wichtige Rolle beim Justizvollzug. Heute arbeiten über 300 Zeichner in den Polizeistationen der Vereinigten Staaten. Außerdem stützen sich immer mehr Abteilungen auf ein computergesteuertes System, mit dessen Hilfe man Gesichter und Personen identifizieren kann.

Sie werden überrascht sein, aber dieses Konzept kann uns bei unseren Nachforschungen über die Identität des Christkindes helfen.

Das Alte Testament versorgt uns mit zahlreichen Details über Gott, die uns ziemlich genau beschreiben, wie er ist. Gott wird beispielsweise als allgegenwärtig oder als überall im Universum existierend dargestellt; als allwissend oder alles wissend, was man je wissen kann; als allmächtig, als ewig oder als über der Zeit stehend und gleichzeitig als Quelle der Zeit; als immer Derselbe oder als unveränderbar in seinen Eigenschaften. Er ist liebevoll, heilig, weise und gerecht.

Nun behauptet Jesus von sich, der Sohn Gottes zu sein. Aber erfüllt er diese göttlichen Charakterzüge, die ich gerade aufgezählt habe? Wenn wir Jesus gründlich unter die Lupe nehmen, passt seine Erscheinung dann zu dem Bild, das wir sonst von Gott in der Bibel finden? Wenn nicht, können wir daraus schließen, dass seine Behauptung, Gott zu sein, falsch ist.

Dieses Thema ist äußerst komplex und herausfordernd. Als Jesus beispielsweise die Bergpredigt auf einem Hügel außerhalb von Kafarnaum hielt, stand er nicht zur gleichen Zeit auf der Hauptstraße in Jericho. Wie kann man ihn also *allgegenwärtig* nennen? Wie kann man ihn als *allwissend* bezeichnen, wenn er selbst zugibt, dass er nicht alles über die Zukunft weiß (vgl. Markus 13,32)? Wenn er *ewig* ist, warum bezeichnet ihn dann Paulus in seinem Brief an die Kolosser als den „Erstgeborene[n] der ganzen Schöpfung" (Kolosser 1,15)?

Oberflächlich betrachtet scheint Jesus dem Bild Gottes nicht sehr zu ähneln. Aber ich habe im Laufe der Jahre gelernt, dass der erste Eindruck oft täuscht. Deshalb war ich froh, dass ich über diese Fragen mit Dr. Donald A. Carson sprechen konnte, einem Theologen, der sich in den letzten Jahren zu einem der herausragendsten Denker des Christentums entwickelt hat.

Das Interview mit Donald A. Carson

Donald A. Carson, Inhaber einer Forschungsprofessur an der *Trinity Evangelical Divinity School*, ist Autor oder Herausgeber von über 40 Büchern, darunter *The Sermon on the Mount, Exegetical Fallacies, The Gospel According to John* und das preisgekrönte Buch *The Gagging of God*.

Er erwarb an der angesehenen Universität von Cambridge einen Doktorgrad in neutestamentlichen Studien. Er lehrte an drei weiteren Seminaren und Colleges, bevor er 1978 an die *Trinity School* kam.

Meine erste Frage zielte darauf ab, warum Carson Jesus überhaupt für Gott hielt. „Was sagte oder tat er", fragte ich, „das Sie davon überzeugte, dass er Gott ist?" Ich war nicht ganz sicher, wie er antworten würde, aber ich vermutete, dass er auf Jesu übernatürliche Wunder eingehen würde. Ich lag falsch.

„Man könnte natürlich solche Dinge wie seine Wunder anführen", sagte Carson, während er sich in seinem bequemen Stuhl zurücklehnte, „aber auch andere Personen haben Wunder vollbracht. Man kann diesen Punkt als Indiz werten, aber er ist letztlich nicht ausschlaggebend. Natürlich war die Auferstehung der entscheidende Beweis für seine Identität. Aber für mich ist von allen Dingen, die er tat, die Vergebung der Sünden am bemerkenswertesten."

„Wirklich?", fragte ich und sah ihn verblüfft an. „Warum denn das?"

„Wenn Sie mir irgendetwas antun, dann habe ich das Recht, Ihnen zu vergeben. Wenn Sie mir aber etwas antun und irgendjemand anderes kommt daher und sagt: ‚Ich vergebe Ihnen‘, dann ist das eine unerhörte Dreistigkeit. Der Einzige, der so etwas sagen kann, sodass es Sinn macht, ist Gott selbst. Denn Sünde, selbst wenn sie sich gegen andere Menschen richtet, ist in erster Linie eine Verletzung Gottes und seiner Gesetze.

Als David sündigte, Ehebruch beging und den Tod des Ehemannes dieser Frau arrangierte, sagte er schließlich zu Gott: ‚Gegen dich allein habe ich gesündigt, ich habe getan, was dir missfällt‘ [Psalm 51]. Er erkannte, dass er zwar gegenüber den Menschen falsch gehandelt hatte, dass er aber letztlich gegenüber Gott gesündigt hatte, der ihn nach seinem Bild geschaffen hatte und der ihm jetzt vergeben musste.

Und da kommt Jesus daher und sagt zu den Sündern: ‚Ich vergebe dir.‘ Die Juden erkannten sofort die Blasphemie, die darin lag. Sie reagierten mit der Frage: ‚Wer außer Gott allein kann Sünden vergeben?‘ Für mich gehört die Vergebung der Sünden zu den erstaunlichsten Dingen, die Jesus tat."

„Und er vergab ja nicht nur Sünden", warf ich ein, „sondern behauptete auch, dass er selbst fehlerlos war. Und Sündlosigkeit ist ja sicher eine Eigenschaft Gottes."

„Ja", erwiderte er. „Traditionell hielt man die Menschen für sehr heilig, die sich ihrer Fehler und Sünden sehr bewusst waren. Das waren Menschen, die ihre Unzulänglichkeiten und Begierden und ihre negativen Gefühle kannten und sie mit der Gnade Gottes ernsthaft bekämpften. Sie bekämpften sie so gut, dass es andere bemerkten und sagten: ‚Das ist ein heiliger Mann oder eine heilige Frau.'

Doch dann kommt Jesus und fragt geradeheraus: ‚Wer von euch kann mich der Sünde überführen?' Wenn ich so etwas sagen würde, würden meine Frau, meine Kinder und alle, die mich kennen, mit Begeisterung aufstehen und gegen mich aussagen. Aber niemand konnte etwas gegen Jesus vorbringen."

Auch wenn moralische Perfektion und Sündenvergebung unzweifelhaft Eigenschaften Gottes sind, gibt es einige weitere Eigenschaften, die Jesus besitzen musste, wenn er dem Bild Gottes entsprechen wollte. Nachdem ich Carson bisher nur leichte „Softbälle" zugespielt hatte, fing ich jetzt an, die Bälle zu schneiden.

Das Geheimnis der „Fleischwerdung"

Mit Hilfe einiger Notizen, die ich mitgebracht hatte, bombardierte ich Carson mit einem Feuerwerk von Fragen, die die Punkte betrafen, die der Behauptung Jesu, Gott zu sein, nach meiner Überzeugung am stärksten widersprachen.

„Dr. Carson, wie konnte Jesus allgegenwärtig sein, wenn er nicht in der Lage war, an zwei Orten gleichzeitig zu sein?", fragte ich. „Wie konnte er allwissend sein, wenn er sagte, dass nicht einmal der Menschensohn die Stunde seiner Rückkehr kennt? Wie konnte er allmächtig sein, wenn uns die Evangelien ganz offen erzählen, dass er nicht in der Lage war, in seiner Heimatstadt Wunder zu vollbringen?"

Ich deutete mit meinem Stift auf ihn, um meinen Fragen mehr Nachdruck zu verleihen, und schloss: „Die Bibel scheint selbst dagegen zu argumentieren, dass Jesus Gott ist."

Carson zuckte mit keiner Wimper, aber er gab zu, dass es auf diese Fragen keine einfachen Antworten gibt. Sie zielen direkt auf das Zentrum der Fleischwerdung ab – Gott wird Mensch, Geist wird Fleisch, das Unendliche wird endlich, das Ewige wird zeitlich begrenzt. Diese Lehre beschäftigt Theologen seit Jahrhunderten. Und genau hier setzte Carson mit seiner Antwort an. Er beschrieb, wie Theologen im Laufe der Jahre versucht hatten, diese Fragen zu erklären.

„Im Wesentlichen gibt es zwei oder drei Ansätze", begann er. Es klang, als ob er eine Vorlesung halten wollte.

„Am Ende des letzten Jahrhunderts arbeitete sich der große Theologe Benjamin Warfield durch alle Evangelien hindurch und schrieb verschiedene Teile entweder der menschlichen oder der göttlichen Seite Jesu zu. Wenn Jesus etwas tat, das seine Gottheit widerspiegelte, schrieb er es seiner göttlichen Seite zu. Wenn etwas seine Grenzen und seine Menschlichkeit widerspiegelte – etwa seine Tränen; weint Gott? –, dann schrieb er es seiner menschlichen Seite zu."

Diese Erklärung schien problematisch. „Wenn man das macht, hat man dann am Ende nicht einen schizophrenen Jesus?", fragte ich.

„Ja, dieser Eindruck entsteht bei einem solchen Erklärungsansatz ganz unwillkürlich", antwortete er. „Alle Bekenntnisse bestanden darauf, dass die Menschlichkeit und die Gottheit Jesu getrennt und doch in einer Person vereint sind. Sie wollen also eine Lösung vermeiden, in der es im Prinzip den menschlichen Geist und den himmlischen Geist Jesu gibt. Aber das ist nur eine von mehreren möglichen Lösungen und vielleicht hat sie etwas für sich.

Die zweite Möglichkeit ist eine Art ‚Kenosis', das heißt Entäußerung. Dieser Begriff stammt aus dem 2. Kapitel des

Philipper-Briefes, in dem Paulus schreibt, dass Jesus ‚Gott gleich' war. Er ‚hielt aber nicht daran fest, wie Gott zu sein, sondern er entäußerte sich und wurde wie ein Sklave und den Menschen gleich'. Das heißt, er gab seine Vorrechte auf und wurde zu einem Niemand."

Das erschien mir mehrdeutig. „Können Sie das etwas genauer erklären?", fragte ich. „Wovon genau ‚entäußerte' er sich?"

Offenbar hatte ich mit meiner Frage genau den wunden Punkt getroffen. „Ja, das ist die Frage", antwortete Carson mit einem Nicken. „Im Laufe der Jahrhunderte hat man verschiedene Antworten versucht. Gab er beispielsweise seine Göttlichkeit auf? Nun, dann wäre er nicht mehr Gott.

Oder entäußerte er sich der Eigenschaften seiner Göttlichkeit? Auch damit habe ich gewisse Probleme, weil sich Eigenschaften so schlecht von der Wirklichkeit trennen lassen. Wenn Sie ein Tier haben, das aussieht wie ein Pferd, riecht wie ein Pferd, läuft wie ein Pferd und alle anderen Eigenschaften eines Pferdes hat, dann haben Sie ein Pferd. Deshalb weiß ich nicht, wie es aussehen könnte, wenn Gott sich aller seiner Eigenschaften entledigte und immer noch Gott bleiben würde.

Eine andere Theorie lautet, dass er sich nicht seiner Eigenschaften entledigte, sondern auf den Gebrauch seiner Eigenschaften verzichtete – sozusagen eine freiwillige Selbstbeschränkung. Das kommt dem Kern der Sache schon näher, entspricht aber auch nicht immer dem, was er tat. Er vergab Sünden auf eine Weise, die nur Gott zusteht – und machte somit Gebrauch von einer göttlichen Eigenschaft.

Man kann noch weiter gehen und sagen, dass er auf den unabhängigen Gebrauch seiner Eigenschaften verzichtete.

Das heißt, er handelte wie Gott, wenn ihm sein himmlischer Vater dazu seine Zustimmung gab. Das kommt der Sache noch etwas näher. Das Problem hierbei ist, dass der ewige Sohn immer in Übereinstimmung mit den Geboten seines Vaters handelte. Und so etwas verliert sich nicht, auch nicht in alle Ewigkeit. Dennoch trifft das eher den Kern der Sache."

Ich hatte das Gefühl, dass wir der Sache tatsächlich schon ziemlich nah waren, aber ich war mir nicht sicher, ob wir ihr noch näher kommen konnten. Wie aus seinen folgenden Worten hervorging, schien auch Carson dieser Überzeugung zu sein.

„Genau genommen", sagte er, „erklärt der Abschnitt aus dem Philipper-Brief nicht exakt, worauf der Sohn verzichtete. Er entäußerte sich selbst, er wurde zu einem Niemand. Es geht hier um Verzicht, aber letztlich geht es um die Menschwerdung Jesu, um eines der zentralen Geheimnisse des christlichen Glaubens.

Es geht um formlosen, körperlosen, allwissenden, allgegenwärtigen und allmächtigen Geist und um begrenzte, berührbare, körperliche, endliche Kreaturen. Der Übergang aus einer Gestalt in die andere ist für uns ein Rätsel.

Die christliche Theologie bemühte sich darum, nicht alles ‚wegzuerklären', sondern sich auf die biblischen Belege zu stützen und eine Synthese zu finden, die logisch ist, wenn sie auch vielleicht nicht alles zu unserer Zufriedenheit erklären kann."

Das war die elegante Art zu sagen, dass Theologen Erklärungen anbieten, die sinnvoll erscheinen, auch wenn sie nicht jedes kleinste Detail der Menschwerdung Jesu erklären können. In gewisser Weise war das logisch. Wenn die Fleischwerdung Jesu der Wahrheit entspricht, dann ist es nicht überraschend, wenn unser begrenzter menschlicher Verstand sie nicht völlig erfassen kann.

Für mich schien so etwas wie ein freiwilliger Verzicht Jesu auf den Gebrauch seiner göttlichen Eigenschaften eine vernünftige Erklärung dafür zu sein, warum er im Allgemeinen in seiner irdischen Existenz seine Allwissenheit, seine Allmacht und seine Allgegenwart nicht einsetzte, auch wenn das Neue Testament deutlich sagt, dass alle diese Eigenschaften ein Teil von ihm waren.

Doch das war nur ein Aspekt des Problems. Ich schlug die nächste Seite meiner Notizen auf und fragte nach konkreten Bibelstellen, die Jesu Behauptung, Gott zu sein, direkt zu widersprechen scheinen.

Schöpfer oder Geschöpf?

Wenn Jesus dem Bild Gottes gleichen soll, dann muss auch er ein nicht durch Schöpfung entstandenes Wesen sein, das schon immer existiert hat. In Jesaja, Kapitel 57, Vers 15 wird Gott beschrieben als der „ewig Thronende". Und doch gibt es einige Verse, die sehr stark darauf schließen lassen, dass Jesus erschaffen wurde.

„Im Johannes-Evangelium, Kapitel 3, Vers 16 beispielsweise", sagte ich, „wird Jesus als der ‚einzige Sohn' Gottes und im Kolosser-Brief, Kapitel 1, Vers 15 als der ‚Erstgeborene der ganzen Schöpfung' bezeichnet. Lässt sich daraus nicht schließen, dass Jesus ein Geschöpf war, statt ein Schöpfer zu sein?"

Eines der Spezialgebiete Carsons ist die griechische Grammatik. Darauf bezog er sich nun, als er auf diese beiden Bibelstellen einging.

„Nehmen wir zuerst die Stelle aus dem Johannes-Evangelium", begann er. „Manche Bibelübersetzungen schreiben hier von Gottes ‚eingeborenem Sohn'. Wer das für die korrekte Übersetzung hält, verbindet diesen Begriff normalerweise direkt mit der Fleischwerdung – das heißt mit der Zeugung in der Jungfrau Maria. Aber das griechische Wort bedeutet etwas anderes.

Im ersten Jahrhundert hatte es die Bedeutung ‚der Einzige und Geliebte'. Die Passage sagt also einfach aus, dass Jesus der einzige und geliebte Sohn ist, und nicht, dass er ontologisch gezeugt wurde."

„Das erklärt aber nur diese eine Stelle", bemerkte ich.

„Gut, beschäftigen wir uns mit dem Vers in Kolosser, der den Begriff ‚Erstgeborener' verwendet. Die meisten Kommentare, egal, ob konservativ oder liberal, sind sich darin einig, dass im Alten Testament der Erstgeborene normalerweise den Löwenanteil des Besitzes erbte. Im Fall einer Königsfamilie wurde der Erstgeborene der nächste König. Deshalb war der Erstgeborene der einzige, der die Rechte des Vaters hatte.

Im zweiten Jahrhundert vor Christus finden sich einige Stellen, in denen das Wort nicht mehr die konkrete Bedeutung von ‚zuerst gezeugt' oder ‚zuerst geboren' hat, sondern in sich den Gedanken der Autorität trägt, die die Position des rechtmäßigen Erben mit sich bringt. So muss nach meiner Überzeugung dieser Begriff auch auf Jesus angewandt werden. Darin sind sich die meisten Wissenschaftler einig. In diesem Licht betrachtet, ist der Ausdruck ‚Erstgeborener' leicht irreführend."

„Was wäre eine bessere Übersetzung?", fragte ich.

„Meiner Ansicht nach wäre ‚höchster Erbe' angemessener", antwortete er.

Dies würde zwar die Stelle im Kolosser-Brief erklären, aber Carson ging noch einen Schritt weiter.

Für wen hielt sich Jesus?

Dachte das Christkind, als es größer wurde, wirklich, dass es der Messias sei, der Sohn Gottes? Oder hielt es sich eher für einen Rabbi oder einen Propheten? Auf der Grundlage der frühesten Überlieferungen über Jesus, die mit Sicherheit nicht durch Legendenbildung verfälscht sind, entgegnete Dr. Ben Witherington, der Verfasser von *The Christology of Jesus,* auf diese Frage: „Glaubte Jesus, dass er der Sohn Gottes, der Gesalbte Gottes war? Die Antwort lautet Ja. Sah er sich als den Menschensohn? Die Antwort lautet wieder Ja. Hielt er sich für den Messias? Ja. Glaubte er, dass irgendjemand außer Gott die Welt retten könnte? Nein, ich bin davon überzeugt, dass er das nicht glaubte."

„Wenn Sie diese Stelle aus dem Kolosser-Brief zitieren, müssen Sie sie immer im Kontext betrachten und Kolosser, Kapitel 2, Vers 9 einbeziehen. Dort schreibt Paulus: ‚Denn in ihm [Christus] wohnt wirklich die ganze Fülle Gottes.' Der Autor würde sich nicht selbst widersprechen. So kann der Begriff ‚Erstgeborener' das ewige Wesen Jesu nicht ausschließen, da es Teil der ganzen Fülle des Wesens von Gott ist."

Für mich war das eine ausreichende Erklärung.

Dem Abbild Gottes entsprechen

Carson und ich diskutierten zwei Stunden angeregt miteinander. Unser Gespräch füllte mehr Kassetten, als dieses Kapitel aufnehmen kann. Ausführlicher finden Sie es in meinem Buch „Der Fall Jesus". Carsons Antworten schienen mir gut durchdacht und theologisch fundiert. Am Ende jedoch blieb die Fleischwerdung Jesu trotzdem ein Begriff, der die Vorstellungskraft sprengte.

Und doch lässt sich die Tatsache der Menschwerdung nicht leugnen. Jede Eigenschaft Gottes, sagt das Neue Testament, lässt sich in Jesus Christus finden, der ein Leben führte, das so ganz anders war als jedes andere Leben:

- Allwissenheit? Der Apostel Johannes über Jesus: „Jetzt wissen wir, dass du alles weißt" (Johannes 16,30).
- Allgegenwart? Jesus sagt über sich: „Ich bin bei euch alle Tage, bis zum Ende der Welt" (Matthäus 28,20). Und an anderer Stelle heißt es: „Denn wo zwei oder drei in meinem Namen versammelt sind, da bin ich mitten unter ihnen" (Matthäus 18,20).
- Allmacht? „Mir ist alle Macht gegeben im Himmel und auf der Erde", sagt Jesus (Matthäus 28,18).
- Ewigkeit? In der Einleitung des Johannes-Evangeliums heißt es: „Am Anfang war das Wort, und das Wort war bei Gott, und das Wort war Gott" (Johannes 1,1).
- Unveränderlichkeit? Im Brief an die Hebräer können wir nachlesen: „Jesus Christus ist derselbe gestern, heute und in Ewigkeit" (Hebräer 13,8).

Auch im Alten Testament wird Gott mit Hilfe von Titeln beschrieben wie Alpha und Omega, Herr, Retter, König,

Richter, Fels, Erlöser, Hirte, Schöpfer, Geber des Lebens, Vergeber von Sünden und mit göttlicher Autorität Sprechender. Es ist faszinierend zu sehen, dass sich im Neuen Testament diese ganzen Titel und Beschreibungen auf Jesus beziehen.[23]

Jesus fasste alles zusammen: „Wenn ihr mich erkannt habt, werdet ihr auch meinen Vater erkennen" (Johannes 14,7). Mit anderen Worten: „Wenn ihr das Bild anschaut, das das Alte Testament von Gott zeichnet, dann werdet ihr mein Bild sehen."

Kapitel 4

Der Fingerabdruck

Entsprach Jesus – und nur Jesus! – der Beschreibung des Messias?

Es geschah an einem ansonsten ereignislosen Samstag im Haus der Familie Hiller in Chicago. Clarence Hiller verbrachte den Nachmittag damit, die Außenfassade seines zweistöckigen Hauses zu streichen. Am Abend gingen er und seine Familie früh zu Bett. Doch was danach geschah, sollte das Strafrecht der Vereinigten Staaten für immer verändern.

Am Morgen des 19. September 1910 wachten die Hillers in den frühen Stunden auf und wurden argwöhnisch, weil die Gaslampe, die neben der Zimmertür ihrer Tochter stand, nicht mehr brannte. Clarence stand auf, um der Ursache auf den Grund zu gehen. Seine Frau hörte eine schnelle Abfolge von Geräuschen: ein Handgemenge, zwei Personen, die die Treppe hinunterfielen, zwei Schüsse, das Zuschlagen der Haustür. Sie lief aus dem Schlafzimmer und fand Clarence tot am Fuß der Treppe.

Die Polizei verhaftete Thomas Jennings, einen verurteilten Einbrecher, nicht weit vom Tatort entfernt. Seine Kleidung war blutbefleckt und sein linker Arm verletzt. Er sei aus der Straßenbahn gefallen, behauptete er. In seiner Tasche fand man eine Waffe wie die, mit der auf Clarence Hiller geschossen worden war, aber man konnte nicht herausfinden, ob es die Mordwaffe war.

Auf der Suche nach Beweisen, die Jennings überführen konnten, durchsuchte die Polizei das Haus der Hillers nach Hinweisen. Bald wurde deutlich, dass der Mörder durch ein nach hinten liegendes Küchenfenster in das Haus eingestiegen war. Und außen – direkt neben dem Fenster – fand man für immer in der weißen Farbe verewigt, mit der das Opfer am Tag zuvor noch sorgfältig die Fassade gestrichen hatte, den klaren Abdruck von vier Fingern einer linken Hand.

Fingerabdrücke als Beweismittel waren zu dieser Zeit ein neues Verfahren, das erst kurze Zeit zuvor auf einem internationalen Polizeikongress in St. Louis vorgestellt worden war. Bis zu diesem Zeitpunkt waren in den Vereinigten Staaten noch nie Fingerabdrücke verwendet worden, um einen Mörder zu überführen.

Trotz starker Proteste der Verteidigung, dass solche Beweise unwissenschaftlich und nicht zulässig seien, sagten vier Polizeibeamte aus, dass die Fingerabdrücke in der Farbe perfekt zu den Fingerabdrücken von Thomas Jennings passten – und nur zu seinen. Das Gericht erklärte Thomas Jennings für schuldig, der Oberste Gerichtshof des Staates Illinois bestätigte das Urteil in einem historischen Prozess und Thomas Jennings wurde später gehängt.[24]

Die Prämisse hinter der Fingerabdruckmethode ist einfach: Jeder Mensch hat ganz einzigartige Rillen auf seinen Fingern. Wenn ein Fingerabdruck auf einem Objekt zu dem Rillenmuster auf den Fingern einer Person passt, kann man mit wissenschaftlicher Sicherheit davon ausgehen, dass diese Person dieses Objekt berührt hat.

Was hat das alles aber nun mit dem Kind in der Krippe zu tun? Ganz einfach: Es gibt eine Möglichkeit der Beweisführung, die der Fingerabdruckmethode sehr ähnlich ist und mit der man mit erstaunlicher Sicherheit sagen kann, dass Jesus in der Tat der Messias für Israel und die Welt ist.

In den jüdischen Schriften, die Christen als das Alte Testament bezeichnen, finden sich zahlreiche Prophezeiungen in Bezug auf den kommenden Messias, der von Gott gesandt werden sollte, um sein Volk zu erlösen. Diese Vorhersagen bilden im übertragenen Sinn einen Fingerabdruck, dem natürlich nur der von Gott Gesalbte entsprechen kann. Auf diese Weise konnten die Israeliten alle Hochstapler enttarnen und den wahren Messias erkennen.

Das griechische Wort für „Messias" ist „Christus". Aber war das Kind in der Krippe wirklich der Christus? Erfüllte es diese Voraussagen, die Hunderte von Jahren vor seiner Geburt aufgeschrieben worden waren? Und woher wissen wir, dass es die einzige Person war, die im Laufe der Geschichte diesem prophetischen Fingerabdruck entsprach?

Es gibt eine ganze Reihe von Wissenschaftlern mit einer ganzen Reihe von Titeln vor dem Namen, die ich zu diesem Thema hätte interviewen können. Doch ich wollte mit jemandem sprechen, für den dies nicht nur eine reine akademische Übung war. Und so führte mich dieses Interview in eine etwas ungewöhnliche Umgebung im Süden Kaliforniens.

Das Interview mit Louis S. Lapides

Eine Kirche ist eigentlich ein passender Ort, um jemandem Fragen zu einem biblischen Thema zu stellen. Aber etwas war doch anders, als ich mich nach dem Gottesdienst am Sonntagvormittag mit Pastor Louis Lapides im Altarraum seiner Gemeinde zusammensetzte. An diesem Ort würde man keinen normalen netten jüdischen Jungen aus Newark in New Jersey erwarten.

Doch dorther stammt Lapides. Für jemanden mit jüdischem Hintergrund ist die Frage, ob Jesus der lang erwartete Messias ist, nicht nur bloße Theorie, sondern eine sehr persönliche Sache. Deshalb hatte ich Lapides ausgewählt, um die Geschichte seiner eigenen Untersuchungen zu diesem wichtigen Thema zu hören.

Lapides erwarb einen Bachelor in Theologie an der *Dallas Baptist University* sowie einen *Master of Divinity* und einen *Master of Theology* in Altem Testament und Semitistik am *Talbot Theological Seminary*. Über ein Jahrzehnt arbeitete er bei *Chosen People Ministries* mit und sprach mit jüdischen Collegestudenten über Jesus. Er lehrte biblische Wissenschaften an der *Biola*-Universität und leitete sieben Jahre lang Bibelseminare. Außerdem war er Präsident eines nationales Netzes, in dem 15 messianische Gemeinden verbunden sind.

Lapides ist schlank und trägt eine Brille, redet mit sanfter Stimme, hat aber ein schnelles Lächeln und lacht gerne. Er war fröhlich und höflich. Ich hatte mir vorgenommen, nicht gleich am Anfang über biblische Feinheiten zu debattieren. Deshalb bat ich Lapides, mir die Geschichte seiner geistlichen Reise zu erzählen.

Er überlegte einen Augenblick, wo er anfangen sollte, und erzählte dann eine außergewöhnliche Geschichte, die von Newark über Greenwich Village und Vietnam nach Los Angeles führte, von Skepsis zu Glaube, vom Judentum zum Christentum, von Jesus als irrelevanter Person zu Jesus als dem Messias.

„Wie Sie wissen, stamme ich aus einer jüdischen Familie", begann er. „Ich besuchte sieben Jahre lang eine konservative jüdische Synagoge, um mich auf die ‚Bar Mizwa‘ vorzubereiten, Auch wenn wir diese Studien für sehr wichtig hielten, beeinflusste unser Glaube unser Familienleben im Alltag nicht sehr. Wir arbeiteten am Sabbat und wir aßen nicht koscher.“

Lapidedes lächelte. „An hohen jüdischen Festtagen besuchten wir die strengere orthodoxe Synagoge, weil mein Vater irgendwie das Gefühl hatte, dass das der Ort war, an den man ging, wenn man mit Gott ernst machen wollte!“

Als ich ihn unterbrach, weil ich wissen wollte, was ihm seine Eltern über den Messias beigebracht hatten, entgegnete er trocken: „Er wurde nie erwähnt.“

Ich konnte es nicht glauben. Zuerst dachte ich, ich hätte ihn falsch verstanden. „Sie meinen, sie haben darüber nicht einmal gesprochen?“, fragte ich.

„Nie“, wiederholte er. „Ich kann mich auch nicht erinnern, dass er je ein Thema in der hebräischen Schule gewesen ist.“

Das fand ich sehr erstaunlich. „Und was ist mit Jesus?“, fragte ich. „Wurde über ihn gesprochen? Wurde sein Name erwähnt?“

„Nur abfällig!“, bemerkte Lapides. „Aber im Wesentlichen wurde nie über ihn gesprochen. Was ich über ihn wusste, war das, was ich in katholischen Kirchen sah: Da war das Kreuz, die Dornenkrone, die durchbohrte Seite, das Blut, das von seinem Kopf herunterlief. Das ergab für mich alles überhaupt keinen Sinn. Warum sollte man einen Mann verehren, der mit Nägeln an Händen und Füßen an ein Kreuz genagelt ist? Ich kam nicht einmal auf die Idee, dass Jesus irgendeine Bedeutung für das jüdische Volk haben könnte. Ich dachte einfach, dass er ein Gott für Heiden war.“

Ich vermutete, dass Lapides' Haltung gegenüber Christen nicht nur auf einer reinen Verwirrung gegenüber ihrem Glauben beruhte. „Glaubten Sie, dass die Christen am Antisemitismus schuld sind?", fragte ich.

„Für uns war ‚Heiden' ein Synonym für Christen, und man brachte uns bei, vorsichtig zu sein, weil es unter Heiden Antisemitismus geben konnte", sagte er, um eine diplomatische Antwort bemüht.

Ich ließ nicht locker. „Würden Sie sagen, dass Sie Christen gegenüber negativ eingestellt waren?"

Dieses Mal wich er nicht aus. „Ja, das war ich tatsächlich", gestand er. „Als ich später zum ersten Mal ein Neues Testament sah, dachte ich, dass es ein Handbuch für Antisemitismus war – wie man Juden hasste, wie man Juden umbrachte, wie man Juden fertig machte. Ich vermutete, dass rechtsextreme Parteien es sehr gut als Richtlinien verwenden konnten."

Ich schüttelte den Kopf. Mich machte der Gedanke traurig, dass viele jüdische Kinder mit der Überzeugung heranwuchsen, dass Christen ihre Feinde waren.

Eine geistliche Suche beginnt

Lapides erzählte mir, dass verschiedene Erlebnisse während seiner Jugendzeit dazu beigetragen hatten, dass er sich nicht mehr wirklich zum Judentum zugehörig fühlte. Ich fragte ihn neugierig nach Einzelheiten und er berichtete von der wohl bewegendsten Erfahrung seines Lebens.

„Meine Eltern ließen sich scheiden, als ich 17 war", sagte er. Und nach all diesen Jahren spürte ich überraschenderweise noch immer verborgenen Schmerz in seiner Stimme.

„Das versetzte meinem religiösen Herzen, falls ich jemals eines hatte, einen herben Schlag. Ich fragte mich, warum Gott nichts dagegen tat. Warum gingen meine Eltern nicht zu einem Rabbi, um sich beraten zu lassen? Wozu ist eine Religion gut, wenn sie Menschen nicht ganz praktisch helfen kann? Ich konnte meine Eltern nicht zusammenhalten. Und als ihre Ehe zu Bruch ging, zerbrach auch ein Teil von mir.

Hinzu kam, dass ich das Gefühl hatte, dass man im Judentum eigentlich nicht wirklich eine persönliche Beziehung zu Gott hat. Ich hatte eine Menge schöner Zeremonien und Traditionen, aber Gott war immer der distanzierte und abwesende Gott vom Berg Sinai, der sagte: ‚Hier sind die Gebote – wenn du dich daran hältst, ist alles okay. Wir sehen uns später.' Und da stand ich nun, ein pubertierender Jugendlicher, und fragte mich, was Gott mit meinen Problemen zu tun hatte. Kümmerte er sich um mich persönlich? Wenn ja, dann merkte ich zumindest nichts davon."

Die Scheidung löste eine Welle der Rebellion aus. Lapides verbrachte schließlich mehr Zeit in den Cafés von Greenwich Village als im College und ließ sich dort von Musik berauschen und von den Schriften von Jack Kerouac und Timothy Leary beeinflussen. Schließlich wurde er zum Militär eingezogen. Und so fand er sich 1967 am anderen Ende der Welt auf einem Frachtschiff wieder, das Munition, Bomben, Raketen und andere hochexplosive Stoffe geladen hatte – und damit ein beliebtes Ziel des Vietkong war.

„Ich erinnere mich noch daran, dass man uns vorher zu unserer Info über Vietnam gesagt hatte: ‚20 % von euch werden vermutlich umkommen und die restlichen 80 % werden wahrscheinlich Geschlechtskrankheiten bekommen, alkohol- oder drogenabhängig werden.' Ich dachte, dass ich nicht einmal eine einprozentige Chance hatte, normal herauszukommen!

Es war eine sehr düstere Zeit. Ich sah viel Leid. Ich sah Leichensäcke; ich sah die Verwüstungen, die der Krieg angerichtet hatte. Und ich wurde mit antisemitischen Parolen von anderen GIs konfrontiert. Einmal verbrannten ein paar Jungs aus dem Süden nachts sogar ein Kreuz. Ich wollte mich von meinen jüdischen Wurzeln distanzieren – vielleicht ist das ein Grund, warum ich mich in fernöstliche Religionen stürzte."

Lapides las Bücher über fernöstliche Philosophien und besuchte buddhistische Tempel, als er in Japan war. „Das ganze Schlechte, das ich gesehen hatte, machte mir extrem zu schaffen, und ich wollte herausfinden, wie der Glaube damit umgehen konnte", erzählte er mir. „Ich sagte mir immer wieder: Wenn es einen Gott gibt, dann ist es mir egal, ob ich ihn auf dem Fudschijama oder auf dem Berg Sinai finde."

Er überlebte Vietnam, war auf den Geschmack gekommen, als er seine erste Marihuana-Zigarette geraucht hatte, und trug sich mit dem Gedanken, buddhistischer Priester zu werden. Er bemühte sich um einen asketischen Lebensstil der Selbstverleugnung, um sein schlechtes Karma abzuarbeiten, aber er stellte bald fest, dass er nie in der Lage sein würde, alle seine Fehler dadurch auszugleichen.

Lapides schwieg einen Augenblick lang. „Ich wurde depressiv", sagte er dann. „Ich weiß noch, wie ich in eine U-Bahn-Station ging und dachte, dass es vielleicht am besten war, wenn ich mich vor den nächsten Zug werfen würde. Dann konnte ich mich von meinem Körper befreien und einfach mit Gott eins werden. Ich war völlig durcheinander.

Und dann begann ich auch noch, mit LSD zu experimentieren, was alles noch schlimmer machte."

Er wollte neu anfangen und ging nach Kalifornien, wo er seine geistliche Suche fortsetzte. „Ich ging zu buddhistischen Versammlungen", sagte er, „aber das war sinnlos. Der chinesische Buddhismus war atheistisch, der japanische Buddhismus betete Buddhastatuen an, der Zen-Buddhismus war zu schwer fassbar. Ich ging zu *Scientology*-Versammlungen, aber die waren zu manipulativ und kontrollierend. Die Hinduisten glaubten an diese ganzen verrückten Orgien, die die Götter abhielten, und an Götter, die blaue Elefanten waren. Nichts davon machte Sinn; nichts befriedigte meine Sehnsüchte wirklich."

Er begleitete sogar einen Freund zu satanistischen Treffen. „Ich schaute zu und dachte, dass sich hier irgendetwas tat, aber nichts Gutes. Mitten in meiner von Drogen umnebelten Welt erzählte ich meinen Freunden, dass ich davon überzeugt war, dass mich eine böse Macht beherrschte, die in mir am Werk war und als Wesen existierte. Ich hatte in meinem Leben genügend Schlechtes gesehen, um das glauben zu können."

Er schaute mich mit einem ironischen Lächeln an. „Ich denke, dass ich die Existenz Satans akzeptiert hatte, bevor ich die Existenz Gottes akzeptierte."

„Ich kann nicht an Jesus glauben"

1969. Aus reiner Neugier ging Lapides zum Sunset Strip, um einen Evangelisten anzugaffen, der sich an ein Kreuz hatte ketten lassen, um damit gegen die Art und Weise zu protestieren, mit der die örtlichen Kneipenbesitzer seinen

Dienst unterbunden hatten. Dort begegnete Lapides einigen Christen, die ihn umgehend in ein Gespräch über geistliche Fragen verwickelten.

Etwas anmaßend begann er, sie mit östlicher Philosophie einzudecken. „Es gibt keinen Gott da oben", sagte er und zeigte zum Himmel. „Wir sind Gott. Ich bin Gott. Du bist Gott. Das müsst ihr einfach nur erkennen."

„Gut, wenn du Gott bist, warum erschaffst du dann nicht mal schnell einen Stein?", erwiderte jemand. „Lass einfach etwas erscheinen. Das ist etwas, das nur Gott tun kann."

Lapides stellte sich, von Drogen umnebelt, vor, dass er einen Stein in der Hand hielt. „Bitte, hier ist ein Stein", sagte er und streckte seine leere Hand aus.

Der Christ spottete. „Das ist der Unterschied zwischen dir und dem wahren Gott", meinte er. „Wenn Gott etwas erschafft, kann es jeder sehen. Ganz objektiv, nicht nur subjektiv."

Das leuchtete Lapides ein. Nachdem er eine Weile darüber nachgedacht hatte, sagte er sich: *Wenn ich Gott finde, muss er objektiv sein. Ich bin mit diesen ganzen östlichen Philosophien fertig, die behaupten, dass alles in mir stattfindet und dass ich mir meine eigene Realität schaffen kann. Gott muss eine objektive Realität sein, wenn er mehr sein soll als meine eigene Fantasie.*

Als einer der Christen den Namen Jesus ins Gespräch brachte, versuchte Lapides, ihn mit seiner Standardantwort abzuspeisen: „Ich bin Jude", sagte er. „Ich kann nicht an Jesus glauben."

Ein Pastor äußerte sich. „Kennst du die Prophetien über den Messias?", fragte er.

Lapides war überrumpelt. „Welche Prophetien?", fragte er. „Davon habe ich nie etwas gehört."

Der Pastor erschreckte Lapides, indem er sich auf einige alttestamentliche Weissagungen bezog. *Moment mal!*, dachte Lapides. *Er zitiert meine jüdischen Schriften. Wie kann da etwas von Jesus stehen?*

Als der Pastor ihm eine Bibel anbot, war Lapides skeptisch. „Ist da auch das Neue Testament drin?", fragte er. Der Pastor nickte. „Gut, ich werde das Alte Testament lesen, aber das Neue werde ich nicht aufschlagen."

Die Antwort des Pastors erstaunte ihn. „Prima", sagte der Pastor. „Lies einfach das Alte Testament und bitte den Gott von Abraham, Isaak und Jakob, den Gott Israels, dir zu zeigen, ob Jesus der Messias ist. Denn er ist euer Messias. Er kam in erster Linie zum jüdischen Volk und wurde dann auch zum Retter der Welt."

Für Lapides war das eine neue Information. Beunruhigend und erstaunlich. Also ging er zurück in seine Wohnung, schlug das erste Buch des Alten Testamentes, Genesis, auf und suchte Jesus in Worten, die Hunderte von Jahren vor seiner Geburt geschrieben wurden.

„Durchbohrt wegen unserer Verbrechen"

„Schon bald las ich jeden Tag im Alten Testament", erzählte Lapides, „und fand eine Prophetie nach der anderen. In Deuteronomium beispielsweise ist die Rede von einem Propheten, der größer sein wird als Mose und auf den wir hören sollen. Ich fragte mich, wer größer als Mose sein könnte. Das klang nach dem Messias – jemand, der so groß und geachtet ist wie Mose, der aber ein besserer Lehrer ist und größere Autorität hat. Ich hielt mich daran fest und machte mich auf die Suche nach ihm."

Als Lapides sich weiter durch die Bibel arbeitete, hielt er beim 53. Kapitel des Buches Jesaja inne. Hier fand sich völlig klar und konkret in einer eindringlichen Prophezeiung, eingepackt in feine Poesie, ein Bild des Messias, der für die Verbrechen Israels und der Welt leiden und sterben würde. Und das war über 700 Jahre vor Jesus geschrieben worden:

„Er wurde verachtet und von den Menschen gemieden, ein Mann voller Schmerzen, mit Krankheit vertraut. Wie einer, vor dem man das Gesicht verhüllt, war er verachtet; wir schätzten ihn nicht.

Aber er hat unsere Krankheit getragen und unsere Schmerzen auf sich geladen. Wir meinten, er sei von Gott geschlagen, von ihm getroffen und gebeugt.

Doch er wurde durchbohrt wegen unserer Verbrechen, wegen unserer Sünden zermalmt. Zu unserem Heil lag die Strafe auf ihm, durch seine Wunden sind wir geheilt.

Wir hatten uns alle verirrt wie Schafe, jeder ging für sich seinen Weg. Doch der Herr lud auf ihn die Schuld von uns allen.

Er wurde misshandelt und niedergedrückt, aber er tat seinen Mund nicht auf. Wie ein Lamm, das man zum Schlachten führt, und wie ein Schaf angesichts seiner Scherer, so tat auch er seinen Mund nicht auf.

Durch Haft und Gericht wurde er dahingerafft, doch wen kümmerte sein Geschick? Er wurde vom Land der Lebenden abgeschnitten und wegen der Verbrechen seines Volkes zu Tode getroffen.

Bei den Ruchlosen gab man ihm sein Grab, bei den Verbrechern seine Ruhestätte, obwohl er kein Unrecht getan hat und kein trügerisches Wort in seinem Mund war. […]

Deshalb gebe ich ihm seinen Anteil unter den Großen,
und mit den Mächtigen teilt er die Beute, weil er sein Leben
dem Tod preisgab und sich unter die Verbrecher rechnen ließ.
Denn er trug die Sünden von vielen und trat für die Schuldi-
gen ein."[25]

Sofort erkannte Lapides dieses Bild wieder: Das war Jesus von Nazareth. Nun verstand er allmählich die Bilder, die er als Kind in katholischen Kirchen gesehen hatte: der leidende Jesus, der gekreuzigte Jesus, der Jesus, den die Strafe für die Schuld der Menschen traf und der für die Schuldigen eintrat.

Die Juden im Alten Testament versuchten, ihre Sünden durch ein System von Tieropfern zu büßen; und hier war Jesus, das Opferlamm Gottes, das ein für alle Mal für alle Verbrechen bezahlte. Hier war die Personifikation von Gottes Erlösungsplan!

Diese Entdeckung war für Lapides so atemberaubend, dass er nur zu einem einzigen Schluss kommen konnte: Es war ein Betrug! Er war überzeugt, dass die Christen das Alte Testament umgeschrieben und die Worte Jesajas so verdreht hatten, dass sie so klangen, als ob der Prophet Jesus hätte ankündigen wollen. Er hatte keine andere Erklärung dafür.

Lapides machte sich daran, den Betrug aufzuklären. „Ich bat meine Stiefmutter, mir eine jüdische Bibel zu schicken, damit ich das selbst überprüfen konnte", erzählte er. „Sie tat es und was denken Sie wohl? Ich merkte, dass dort dieselben Worte standen! Jetzt musste ich mich wirklich damit auseinandersetzen."

Die jüdischen Wurzeln Jesu

Insgesamt fand Lapides über 50 Prophetien im Alten Testament. Jesaja schilderte die besonderen Umstände seiner Geburt (durch eine Jungfrau); Micha nannte den Geburtsort (Bethlehem); Genesis und Jeremia gaben seine Vorfahren an (ein Abkömmling von Abraham, Isaak und Jakob, aus dem Stamm Juda, aus dem Haus Davids); die Psalmen sagten den Verrat, die Anschuldigungen falscher Zeugen, seine Todesart (an Händen und Füßen durchbohrt, obwohl zu diesem Zeitpunkt die Kreuzigung noch nicht eingeführt war) und seine Auferstehung voraus (er würde nicht verwesen, sondern hoch hinauf steigen) und so weiter.[26] Jede einzelne Prophetie brach einen Stein aus der Mauer der Skepsis, die Lapides um sich herum aufgebaut hatte. Und schließlich war er bereit, einen drastischen Schritt zu gehen.

„Ich beschloss, das Neue Testament aufzuschlagen, und nur die erste Seite zu lesen", sagte er. „Etwas beklommen schlug ich Matthäus auf und schaute zum Himmel, weil ich erwartete, dass mich jeden Augenblick ein Blitz treffen würde."

Die ersten Worte des Evangeliums sprangen ihm förmlich entgegen: „Stammbaum Jesu Christi, des Sohnes Davids, des Sohnes Abrahams …"

Lapides Augen weiteten sich bei der Erinnerung an diesen Augenblick. „Ich dachte: Wow! Nachkomme von David und Abraham – das passte alles zusammen! Ich las den Bericht über seine Geburt und dachte: Schau einer an! Matthäus zitiert Jesaja 7, Vers 14: ‚Seht, die Jungfrau wird ein Kind empfangen, sie wird einen Sohn gebähren […].' Und später zitiert er Jeremia. Ich saß da und merkte, dass es hier um jüdische Personen ging. Aber wo kamen die Heiden ins Spiel? Was war hier los?

Ich konnte die Bibel nicht mehr aus der Hand legen. Ich las den Rest der Evangelien, und mir wurde klar, dass das kein geeignetes Handbuch für rechtsextreme Parteien war. Es ging vielmehr um Jesus und das jüdische Volk. Ich las die Apostelgeschichte und – das war unglaublich! –, dort überlegten die Apostel, wie die Juden den Heiden die Geschichte von Jesus nahe bringen konnten. Das war eine völlige Umkehr der Rollen!"

Die erfüllten Prophetien waren für Lapides so überzeugend, dass er anderen erzählte, dass er Jesus für den Messias hielt. Zu diesem Zeitpunkt war dies für ihn eher eine Sache des Verstandes, aber die Folgen waren zutiefst beunruhigend.

„Ich stellte fest, dass ich einige Veränderungen in meinem Lebensstil vornehmen musste, wenn ich Jesus in mein Leben aufnehmen wollte", erklärte er mir in unserem Gespräch. „Ich würde mich mit den Drogen, dem Sex und anderem befassen müssen. Mir war nicht klar, dass Gott mir bei diesen Veränderungen helfen wollte. Ich dachte, dass ich mein Leben alleine auf die Reihe bekommen müsste."

Die Erscheinung in der Wüste

Lapides flüchtete sich mit einigen Freunden in die Mojawe-Wüste. Er fühlte sich geistlich zerrissen. Alpträume, in denen er von Hunden in verschiedene Richtungen gezerrt wurde, hatten ihn beunruhigt. Als er unter einem Busch in der Wüste saß, erinnerte er sich an das, was einer der Christen auf dem Sunset Strip zu ihm gesagt hatte: „Du musst wählen: Entweder stehst du auf der Seite Gottes oder auf der Seite Satans."

Er glaubte an die Verkörperung des Bösen – und auf dieser Seite wollte er nicht stehen. Also betete Lapides: „Gott, ich will diesen Kampf endlich beenden. Ich muss absolut sicher wissen, dass Jesus der Messias ist. Ich muss wissen, dass du, der Gott Israels, willst, dass ich das glaube."

An diesem Punkt zögerte Lapides, er war nicht sicher, wie er das in Worte fassen sollte, was dann passierte. Nach ein paar Augenblicken sagte er: „Am besten lässt sich diese Erfahrung so beschreiben, dass Gott direkt zu meinem Herzen gesprochen hat. Er überzeugte mich davon, dass er existiert. Und an diesem Punkt sagte ich da draußen in der Wüste in meinem Herzen: ‚Gott, ich nehme Jesus in mein Leben auf. Ich bin mir nicht sicher, was genau ich mit ihm anfangen soll, aber ich möchte ihn in meinem Leben haben. Ich habe ziemlich viel Chaos in meinem Leben angerichtet; ich brauche deine Hilfe, wenn ich mich verändern soll.'"

Und Gott setzte einen Prozess in Gang, der bis zum heutigen Tag anhält. „Meine Freunde merkten, dass sich mein Leben veränderte, aber sie konnten es nicht verstehen", sagte er. „Sie erkannten, dass in der Wüste irgendetwas mit mir passiert war, weil ich keine Drogen mehr nahm. Sie merkten, dass etwas anders war.

Ich konnte es ihnen nicht richtig erklären. Ich konnte ihnen nur sagen, dass jemand in mein Leben getreten war, der heilig und gerecht ist, der die Quelle aller positiven Gedanken über das Leben ist – und dass ich mich einfach heil fühlte."

Das Wort ‚heil' schien alles zu sagen. „Heil", betonte er, „wie ich mich nie zuvor gefühlt hatte."

Durch eine bemerkenswerte Verkettung von Umständen wurde Lapides' Gebet um eine Ehefrau erhört, und er lernte Deborah kennen, die ebenfalls Jüdin und Nachfolgerin Jesu war. Sie nahm ihn mit in ihre Gemeinde – die von dem Pastor geleitet wurde, der Lapides ein paar Monate zuvor auf dem Sunset Strip dazu aufgefordert hatte, das Alte Testament zu lesen.

Lapides lachte. „Als ich in seine Gemeinde spazierte, fiel ihm vor Staunen wirklich die Kinnlade runter!"

In dieser Gemeinde kamen Ex-Biker, Ex-Hippies und Ex-Drogenabhängige mit einer bunten Mischung Südstaatler zusammen, die aus unterschiedlichen Gründen nach Kalifornien gezogen waren. Für einen jungen jüdischen Mann aus Newark, der eine natürliche Scheu vor Menschen hatte, die anders waren als er, weil er fürchtete, auf Antisemitismus zu stoßen, war es sehr heilsam zu lernen, so viele verschiedene Menschen „Brüder und Schwestern" zu nennen.

Lapides heiratete Deborah ein Jahr, nachdem sie sich kennengelernt hatten. Mittlerweile haben die beiden zwei Söhne und gemeinsam haben sie die *Beth Ariel Fellowship*-Gemeinde ins Leben gerufen, die Juden und „Heiden" eine Heimat geben will, in der sie Heilung in Christus finden können.

Einwände

Lapides' Lebensgeschichte bewegte mich sehr, aber ich wollte die offenkundigen Fragen nicht ignorieren, die diese Geschichte aufwarf. „Wenn die Prophetien für Sie so klar waren und so offensichtlich auf Jesus hinwiesen, warum nehmen ihn dann nicht mehr Juden als ihren Messias an?"

„In meinem Fall musste ich mir einfach die Zeit nehmen, sie zu lesen", erwiderte er. „Es ist zwar seltsam, aber obwohl die Juden für ihre intellektuellen Fähigkeiten bekannt sind, herrscht auf diesem Gebiet ziemliche Unkenntnis.

Außerdem gibt es Organisationen, die Seminare in Synagogen abhalten, in denen sie versuchen, die messianischen Prophetien zu widerlegen. Juden besuchen diese Seminare und nehmen sie als Entschuldigung, sich nicht persönlich mit den Prophetien beschäftigen zu müssen. ‚Der Rabbi hat mir gesagt, dass sie nicht wichtig und nichtssagend sind', argumentieren sie.

Dann frage ich sie, ob sie denken, dass der Rabbi da einen Einwand gebracht hat, mit dem das Christentum noch nie zuvor konfrontiert worden ist. Schließlich haben sich Wissenschaftler Hunderte von Jahren damit auseinander gesetzt! Es gibt dazu ausgezeichnete Literatur und gute christliche Antworten auf diese Einwände. Wenn sie dann interessiert sind, helfe ich ihnen gerne weiter."

Ich fragte ihn, ob ein Jude Ächtung zu fürchten hat, wenn er Christ wird. „Das ist ganz sicher ein Faktor", sagte er. „Manche lassen die messianischen Prophetien nicht an sich heran, weil sie die Folgen fürchten: die mögliche Zurückweisung durch ihre Familien und die jüdische Gemeinde. Das ist nicht ganz einfach. Glauben Sie mir, ich weiß, wovon ich rede."

Einige der Einwände gegen die messianischen Prophetien klingen ziemlich überzeugend, wenn man sie zum ersten Mal hört. Aus diesem Grund legte ich Lapides einen nach dem anderen die am häufigsten genannten Einwände vor und war gespannt auf seine Reaktion. Konnte er diese Einwände überzeugend entkräften?

Argument Nr. 1: Zufall

Zuerst fragte ich Lapides, ob es nicht sein konnte, dass Jesus die Prophetien aus reinem Zufall erfüllte. Vielleicht ist er nur einer von Vielen im Laufe der Geschichte, der diesem prophetischen Fingerabdruck entspricht.

„Keine Chance", antwortete er. „Jemand hat statistische Berechnungen angestellt und herausgefunden, dass die Wahrscheinlichkeit, auch nur acht Prophetien zu erfüllen, bei eins zu hundert Millionen Milliarden liegt. Diese Zahl ist Millionen Mal größer als die Zahl der Menschen, die je auf der Erde gelebt haben! Wenn man diese Zahl an Münzen nimmt, würden sie die Fläche des Staates Texas einen halben Meter hoch bedecken. Lässt man dann einen Menschen mit verbundenen Augen über diese Fläche laufen und eine beliebige Münze aufheben – wie hoch wäre wohl die Wahrscheinlichkeit, dass er genau die aufheben würde, die vorher markiert wurde?"

Er beantwortete die Frage selbst: „Mit derselben Wahrscheinlichkeit, mit der ein Mensch auch nur acht dieser Prophetien erfüllen könnte."

Auch ich hatte diese statistische Analyse des Mathematikers Peter W. Stoner gelesen, als ich mich mit den messianischen Prophetien beschäftigt hatte. Stoner berechnete auch, dass die Wahrscheinlichkeit, 48 Prophetien zu erfüllen, bei eins zu einer Billionen Billionen Billionen Billionen Billionen Billionen Billionen Billionen Billionen Billionen Billionen Billionen Billionen läge.[27]

Unser Verstand kann eine so große Zahl nicht erfassen; das ist unmöglich. Diese Statistik ist genauso atemberaubend wie die Zahl der winzigen Atome in einer Billionen Billionen Billionen Milliarden Universen der Größe unseres Universums.

„Die Statistik alleine besagt, dass es für einen Menschen unmöglich ist, die alttestamentlichen Prophetien zu erfüllen", schloss Lapides. „Und doch schaffte es Jesus – und nur Jesus!"

Mir fielen die Worte des Apostels Petrus ein: „Gott aber hat auf diese Weise erfüllt, was er durch den Mund aller Propheten im Voraus verkündigt hat: dass sein Messias leiden werde."[28]

Argument Nr. 2: Verändertes Evangelium

Ich wandte mich einem anderen Thema zu und fragte Lapides: „Ist es nicht möglich, dass die Verfasser der Evangelien Einzelheiten erfanden, um es so aussehen zu lassen, als ob Jesus die Prophetien erfüllte?

Die Prophetien besagen beispielsweise, dass die Knochen des Messias nicht gebrochen werden würden", sagte ich. „Vielleicht erfand Johannes die Geschichte ja nur, dass die römischen Soldaten die Knochen der beiden, die mit Jesus gekreuzigt wurden, brachen, aber seine Knochen nicht. Und da die Prophetien den Verrat um 30 Silberstücke erwähnen, trieb Matthäus vielleicht ein falsches Spiel mit den Fakten und schrieb, dass Judas Jesus für diesen Betrag verriet."

Aber auch dieser Einwand kam nicht weiter als der vorhergehende. „Gott ist so weise, dass er Sicherungssysteme innerhalb und außerhalb des Christentums eingebaut hat", erklärte Lapides. „Als die Evangelien in Umlauf kamen, lebten noch Augenzeugen der Ereignisse. Jemand von ihnen hätte sicher zu Matthäus gesagt: ‚Es war nicht so, wie du es geschrieben hast. Wir bemühen uns hier zu vermitteln, dass die Menschen ehrlich sein sollen, also verdirb es nicht mit einer Lüge.'

Davon abgesehen", fügte er hinzu, „macht es keinen Sinn, dass Matthäus erfüllte Prophetien erfand und dann bereitwillig dafür in den Tod ging, dass er jemandem nachfolgte, von dem er insgeheim wusste, dass es nicht der Messias war."

Und schließlich hätte die jüdische Gemeinschaft Einspruch erhoben und die Chance genutzt, auf die Fehler hinzuweisen und so die Evangelien in Misskredit zu bringen. „Sie hätten gesagt: ‚Ich war dort und die römischen Soldaten *brachen* Jesus am Kreuz die Knochen'", sagte Lapides. „Aber selbst wenn der jüdische Talmud Jesus nur abschätzig erwähnt, behauptet er nie, dass die Erfüllung der Prophetien gefälscht wurde. Nicht ein einziges Mal."

Argument Nr. 3: Vorsätzliche Erfüllung der Prophetien

Einige Skeptiker behaupteten, dass Jesus sein Leben so einrichtete, dass er die Prophetien erfüllen konnte. „Könnte er nicht im Buch Sacharia gelesen haben, dass der Messias auf einem Esel nach Jerusalem reiten würde, und arrangierte es daraufhin entsprechend?", fragte ich.

Lapides machte ein kleines Zugeständnis. „Bei ein paar Prophetien ist das sicher vorstellbar", sagte er. „Aber es gibt viele andere, bei denen es schlicht unmöglich ist.

Wie wollte er beispielsweise steuern, dass der Hohe Rat Judas 30 Silberstücke für den Verrat anbietet? Wie konnte er seine Ahnenfolge beeinflussen, seinen Geburtsort, seine Todesart, die Tatsache, dass die Soldaten um seine Kleider losten oder ihm nicht die Beine am Kreuz brachen? Wie konnte er es schaffen, Wunder vor Skeptikern zu vollbringen? Wie konnte er seine Auferstehung arrangieren? Und wie konnte er den Zeitpunkt seiner Geburt bestimmen?"

Dieser letzte Punkt erregte meine Neugier. „Was meinen Sie mit dem Zeitpunkt seiner Geburt?"

„Wenn man Daniel, Kapitel 9, Verse 24 bis 26 interpretiert, findet man dort die Voraussage, dass der Messias kommen würde, wenn eine gewisse Zeit nach dem Erlass des Königs Artaxerxes I. vergangen wäre, durch den das jüdische Volk nach Jerusalem zurückkehren durfte, um den Tempel wieder aufzubauen", erwiderte Lapides.

Er lehnte sich vor, um das Argument wasserdicht zu machen. „Dadurch lässt sich der Zeitpunkt vorausberechnen, zu dem der Messias erscheinen soll. Und das ist exakt die Zeit, zu der Jesus auf der Bildfläche erschien", sagte er. „Und das konnte er mit Sicherheit nicht selbst arrangieren."[29]

Argument Nr. 4: Der Kontext

Noch einen weiteren Einwand wollte ich ansprechen: Wurden die Passagen, die Christen als messianische Prophetien bezeichnen, wirklich geschrieben, um auf das Kommen des Messias hinzuweisen? Oder reißen Christen diese Stellen aus dem Kontext und interpretieren sie falsch?

Die Prophezeiung über die Jungfrauengeburt

Hunderte von Jahren, bevor Jesus in Bethlehem zur Welt kam, prophezeite Jesaja bereits: „Darum wird euch der Herr selbst ein Zeichen geben: Siehe, eine Jungfrau ist schwanger und wird einen Sohn gebären, den wird sie nennen Immanuel" (Jesaja 7,14). Kritiker behaupten, dass es sich dabei um einen Übersetzungsfehler handelt. Sie vertreten die Auffassung, dass das im Hebräischen verwendete Wort *almah* eigentlich „junge Frau" bedeutet und dass der Verfasser der Prophezeiung das Wort *bethulah* verwendet hätte, wenn er tatsächlich eine Jungfrauengeburt gemeint hätte.

Aber der Wissenschaftler Glenn Miller erzählte mir, dass neuere linguistische Studien ergeben haben, dass sich das hebräische Wort *bethulah* auch auf eine Witwe oder eine geschiedene Frau beziehen kann, die keine Jungfrau ist. Hingegen wird das Wort *almah* niemals für eine Nicht-Jungfrau verwendet: „Wenn der Verfasser wirklich die Vorstellung von Jungfräulichkeit vermitteln wollte – und wenn auch nur indirekt –, dann wäre *almah* dafür das beste Wort gewesen."

Lapides seufzte. „Wissen Sie, ich lese diese Bücher, in denen Kritiker das zerreden, was wir glauben. Das macht zwar keinen Spaß, aber ich nehme mir die Zeit, jeden Einwand einzeln zu beleuchten und den Zusammenhang im Urtext nachzulesen. Und es stellte sich heraus, dass jede einzelne Prophetie wahr ist.

Und hier ist meine Herausforderung an die Skeptiker: Verlasst euch nicht auf das, was ich sage; aber verlasst euch auch nicht auf das, was euer Rabbi sagt. Nehmt euch die Zeit und forscht selbst nach. Heute kann niemand mehr behaupten, dass es nicht genügend Informationen gibt. Es gibt jede Menge Bücher, die euch bei eurer Suche helfen können.[30]

Und noch etwas: Bittet Gott ernsthaft, euch zu zeigen, ob Jesus der Messias ist oder nicht. Auf diesem Weg wurde mir klar, wessen Fingerabdruck zu dem des Messias passte."

„Alles muss in Erfüllung gehen …"

Mir gefiel, wie Lapides mit diesen Einwänden umging, aber letztlich war es doch seine persönliche Geschichte, die mir auf meinem Rückflug nach Chicago durch den Kopf ging. Ich dachte darüber nach, wie oft ich mit ähnlichen Geschichten konfrontiert worden war, vor allem bei erfolgreichen und gebildeten jüdischen Personen, die sich aufgemacht hatten, die messianischen Behauptungen Jesu zu widerlegen.

Ich dachte an Stan Telchin, den erfolgreichen Geschäftsmann, der sich mit der „Sekte" der Christen beschäftigte, nachdem seine Tochter im College „Jeschua" (Jesus) als ihren Messias angenommen hatte. Er war sehr überrascht, als er merkte, dass ihn – und seine Frau und seine zweite Tochter – seine Nachforschungen zu demselben Messias führten. Später wurde er Pastor einer christlichen Gemeinde, und sein Buch, das seine Geschichte erzählt, wurde in mehr als 20 Sprachen übersetzt.[31]

Wie Lapides und andere kam auch er zu dem Schluss, dass Jesu Worte im Lukas-Evangelium die Wahrheit waren: „Alles muss in Erfüllung gehen, was im Gesetz des Mose, bei den Propheten und in den Psalmen über mich gesagt ist."[32] Es ging in Erfüllung – und alleine durch Jesus. Er ist die einzige Person der Geschichte, die exakt dem prophetischen Fingerabdruck des Gesalbten Gottes entspricht.

Das Urteil der Geschichte

Als ich kurz vor dem Abschluss meiner Untersuchungen über das Kind in der Krippe stand, stieß ich immer wieder auf die Tatsache, dass Weihnachten ohne Ostern bedeutungslos ist.

Aus diesem Grund glauben Christen auch daran, dass Jesus nicht nur auf diese Welt kam, um „einer von uns" zu werden. Er wurde geboren, um für uns zu sterben – um sein Leben stellvertretend für unsere Fehler und unsere Rebellion gegen Gott zu opfern, damit nicht wir diese Schuld bezahlen müssen.

Während mich die Berichte der Augenzeugen von der Vertrauenswürdigkeit der Evangelien überzeugten, die von den wissenschaftlichen Beweisen gestützt wird, während das „Jesus-Profil" zeigte, dass Jesus tatsächlich die Eigenschaften Gottes verkörperte, und sein Fingerabdruck bestätigte, dass er wirklich der Messias ist, war es die Sache mit Ostern, die mir half, den Fall für mich abzuschließen.

Mit anderen Worten: Jeder kann die Behauptung aufstellen, der Sohn Gottes zu sein, aber Jesu wundersame Rückkehr von den Toten bestätigte seine Behauptung ein für alle Mal. Für mich waren die Beweise schlüssig.

Das leere Grab

Das leere Grab wird in extrem frühen Quellen erwähnt – im Evangelium nach Markus und im Glaubensbekenntnis in 1. Korinther 15, das Blomberg in unserem Gespräch erwähnte –, die so nah an dem Ereignis datiert werden, dass sie unmöglich eine Folge von Legendenbildung sein können, so jedenfalls Dr. William Lane Craig.[33]

Darüber hinaus war das Grab, in dem Jesus lag, sowohl Juden als auch Christen bekannt, also hätten Zweifler den Bericht überprüfen können. Doch tatsächlich hat niemand, nicht einmal die Römer, je behauptet, das Grab enthalte noch immer den Leichnam Jesu. Stattdessen sahen sich die Römer gezwungen, die absurde Geschichte zu verbreiten, die Jünger Christi hätten die Leiche gestohlen – obwohl sie dazu weder Motiv noch Gelegenheit gehabt hatten. Diese Theorie wird heute nicht einmal von den größten Skeptikern vertreten.

Die Augenzeugen

Die Hinweise darauf, dass Jesus nach Kreuzigung und Auferstehung noch von zahlreichen Menschen gesehen wurde, haben sich nicht langsam über die Jahre entwickelt, während die Mythologie die Erinnerungen der Menschen verzerrt hätte. Stattdessen, so der Auferstehungs-Experte Gary Habermas, stellte die Auferstehung von Anfang an die Kernbotschaft der frühen Kirche dar.

Das antike Glaubensbekenntnis im 15. Kapitel des 1. Korinther-Briefes erwähnt einzelne Personen, die dem auferstandenen Jesus begegnet waren, und Paulus fordert die

Zweifler des ersten Jahrhunderts sogar auf, persönlich mit diesen Augenzeugen zu sprechen, um selbst die Wahrheit dieser Behauptung zu überprüfen.

Die Apostelgeschichte ist voll von extrem früh zu datierenden Bestätigungen der Auferstehung Jesu und die Evangelien beschreiben diverse Begegnungen im Detail. Der anerkannte britische Theologe Michael Green sagt: „Die Auftritte Jesu nach der Auferstehung sind so gut belegt wie jedes andere antike Ereignis [...]. Es gibt keinen vernünftigen Zweifel daran, dass sie wirklich stattgefunden haben."

Der Beweis

J. P. Morelands Nachforschungen gaben weitere Hinweise auf die historische Belegbarkeit der Auferstehung. Zunächst einmal befanden sich die Jünger in einer einmaligen Position, um die Auferstehung zu bestätigen ... und sie waren sogar bereit gewesen, für diese Überzeugung zu sterben.

Zweifellos sind in der Vergangenheit immer wieder religiöse Fanatiker dazu bereit gewesen. Vielleicht glauben sie fest an die Lehren ihrer Religion, aber sie wissen nicht mit letzter Sicherheit, ob ihr Glaube wirklich in der Wahrheit gründet. Sie können nur daran glauben.

Im Gegensatz dazu befanden sich die Jünger in einer einmaligen Position: Sie wussten mit Sicherheit, dass Jesus von den Toten zurückgekehrt war. Sie berichteten davon, dass sie ihn sahen, ihn berührten und mit ihm aßen. Und da sie wussten, dass alles der Wahrheit entsprach, waren sie auch bereit, für ihn zu sterben.

Wenn sie gewusst hätten, dass alles nur eine Lüge war, wären sie niemals bereit gewesen, ihr Leben dafür zu opfern.

Niemand stirbt bewusst und freiwillig für eine Lüge. Sie verkündeten die Auferstehung bis zu ihrem Tod nur aus einem Grund: Sie wussten, dass sie der Wahrheit entsprach, denn sie hatten den auferstandenen Jesus persönlich getroffen.

Erstaunlicherweise bot mir der Beweis für Ostern – also für die Auferstehung Jesu – auch den entscheidenden Beweis dafür, dass die Weihnachtsgeschichte tatsächlich wahr ist: Das neugeborene Kind in der Krippe war der Sohn Gottes, der als Retter der Welt auf diese Erde gesandt worden war.

Gottes größtes Geschenk

Nachdem ich fast zwei Jahre lang Nachforschungen über die wahre Identität des Christkindes angestellt hatte, war ich nun bereit, ein Urteil zu fällen. Die Beweislage war für mich jetzt eigentlich klar und zwingend. Natürlich gibt es auch einige sehr abstruse Vorstellungen über dieses Fest: von fliegenden Rentieren bis zu einem Weihnachtsmann, der durch den Kamin herabrutscht. Aber ich war überzeugt, dass Weihnachten in seinem Kern auf einer historischen Tatsache basiert: der Menschwerdung. Gott wird Mensch, Geist wird Fleisch, das Unendliche wird endlich, das Ewige wird zeitlich begrenzt. Dieses Mysterium wurde einfach zu gut von Fakten gestützt, die ich nicht ignorieren konnte.

Ich hatte einen Punkt erreicht, an dem ich bereit war, das Weihnachtsgeschenk anzunehmen, von dem mir Perfecta Delgado vor einigen Jahren erzählt hatte: das Kind in der Krippe, dessen Liebe und Gnade jedem zur Verfügung stehen, der bereit ist, umzukehren und an den Sohn Gottes zu glauben. Sogar jemandem wie mir.

Also sandte ich ein ehrliches, unzensiertes Gebet an Gott, in dem ich meine Fehler bekannte und mich von ihnen abwandte und in dem ich das Geschenk der Vergebung und des ewigen Lebens durch Jesus Christus erhielt. Ich sagte ihm, dass ich ihm mit seiner Hilfe von nun an nachfolgen wollte.

Es gab keine himmlischen Chöre, keine Blitze und keinen Donner, keine hörbare Antwort, keine Gänsehauterfahrungen. Ich weiß, dass manche Menschen in einem solchen Moment eine Welle der Erregung verspüren; für mich gab es etwas anderes, das genauso atemberaubend war: Ich spürte eine Welle der Richtigkeit.

Und doch gab es in den folgenden Jahren viel mehr. Während ich mich bemühte, den Lehren Jesu zu folgen und mich für seine umwälzende Macht zu öffnen, veränderten sich Schritt für Schritt meine Prioritäten, meine Wertvorstellungen, mein Charakter, mein Weltbild, meine Einstellungen und meine Beziehungen – und zwar zum Positiven. Um es mit den Worten des Apostels Paulus zu sagen: „Wenn also ein Mensch zu Christus gehört, ist er schon ‚neue Schöpfung‘. Was er früher war, ist vorbei; etwas ganz Neues hat begonnen."[34]

Und jetzt zu Ihnen.

Vielleicht sollten Sie – so wie die Hirten bei der Geburt Jesu – die Beweise selbst unter die Lupe nehmen. Sie brauchen vielleicht noch einige Antworten auf geistliche Fragen, die Sie derzeit noch daran hindern, diesem Jesus zu folgen. Ich hoffe, dass Sie Ihr eigenes Urteil im „Fall Weihnachten" fällen werden, wenn Sie alle Beweise zusammenhaben.

Oder vielleicht sind Sie auch wie die Weisen aus dem Morgenland. Durch eine Reihe von äußeren Umständen – darunter auch das Lesen dieses Buches – haben Sie sich

Ihren Weg durch die glitzernden Lichter und die lauten Gesänge von Weihnachten gebahnt und sind endlich an der Krippe des Kindes angekommen, das auf diese Welt kam, um Ihr Leben zu verändern und Ihre Ewigkeit neu zu schreiben.

Sprechen Sie mit ihm. Bringen Sie ihm Ihren Lobpreis und Ihr Leben dar. Und nehmen Sie das in Empfang, was Perfecta Delgado als das größte Geschenk von allen bezeichnet.

Das Kind selbst.

Zusätzliches Beweismaterial

- O. Betz / R. Riesner: *Jesus, Qumran und der Vatikan. Klarstellungen.* Gießen 1993[4].
- C. S. Lewis: *Pardon, ich bin Christ. Meine Argumente für den Glauben.* Basel 1995[11].
- A. Millard: *Die Zeit der ersten Christen. Ausgrabungen – Funde – Entdeckungen.* Gießen 1994[2].
- B. Pixner: *Wege des Messias und Stätten der Urkirche.* Hg. von R. Riesner. Gießen 1996[3].
- H. Rohrbach: *Wunder. Das Ungewöhnliche im Wirken Gottes.* Wuppertal 1992.
- J. Stott: *Unser christlicher Glaube. Ein Handbuch für Einsteiger, Umsteiger und Glaubende.* Marburg 1992.
- L. Strobel: *Der Fall Jesus.* Asslar 2005[7].
- L. Strobel: *Glaube im Kreuzverhör.* Asslar 2005[3].

Anmerkungen

[1] Lukas 2,8–20

[2] Lee Strobel: „Youth's Testimony Convicts Killers, but Death Stays Near". In: *Chicago Tribune*, 25. Oktober 1976.

[3] Irenaeus: *Adversus haereses* 3.3.4.

[4] Karen Armstrong: *A History of God*. New York: Ballantine/Epiphany, 1993. S. 82.

[5] William Lane Craig: *The Son Rises: Historical Evidence for the Resurrection of Jesus*. Chicago: Moody Press, 1981. S. 140.

[6] Armstrong, a. a. O., S. 79.

[7] 1. Korinther 15,3–7

[8] Vgl. Joe McGinniss: *Fatal Vision*. New York: New American Library, 1989. Für weitere Informationen zu den wissenschaftlichen Beweisen, vgl. Colin Evans: *The Casebook of Forensic Detection*. New York: John Wiley & Sons, 1996. S. 277–280.

[9] Lukas 1,1–4

[10] Norman Geisler/Thomas Howe: *When Critics Ask*. Wheaton, Ill.: Victor, 1992. S. 385.

[11] John Ankerberg/John Weldon: *Ready with an Answer*. Eugene, Ore.: Harvest House, 1997. S. 272.

[12] Apostelgeschichte 1,3

[13] Johannes 1,14

[14] Johan McRay: *Archaeology and the New Testament*. Grand Rapids: Baker, 1991. S. 155.

[15] Frank Zindler: „Where Jesus Never Walked". In: *American Atheist* (Winter 1996/97). S. 34.

[16] Jack Finegan: *The Archaeology of the New Testament.* Princeton: Princeton Univ. Press, 1992. S. 46.

[17] Ian Wilson: *Jesus: The Evidence.* San Francisco: HarperSanFrancisco, 1988. S. 67.

[18] Johannes 1,46

[19] Matthäus 2,13–23

[20] Rapids: Zondervan und Richardson, Tx.: Probe, 1997. S. 120. Zitiert nach: Ankerberg/Weldon, *Ready with an Answer,* a. a. O., S. 272.

[21] Gary Habermas: *The Verdict of History.* Nashville: Nelson, 1988. S. 169.

[22] Marla Donato: „That Guilty Look". In: *Chicago Tribune,* 1. April 1994.

[23] Denny Johnson: „Police Add Electronic ‚Sketch Artist' to Their Bag of Tricks". In: *Chicago Tribune,* 22. Juni 1997.

[24] Colin Evans: *The Casebook of Forensic Detection.* New York: John Wiley & Sons, 1996. S. 98–100.

[25] Jesaja 53,9–12

[26] Für eine detaillierte Darstellung von alttestamentlichen Prophezeiungen, die sich erfüllt haben: vgl. Josh McDowell: *Evidence That Demands a Verdict,* a. a. O., S. 141–177.

[27] Peter W. Stoner: *Science Speaks.* Chicago: Moody Press, 1969. S. 109.

[28] Apostelgeschichte 3,18

[29] Für eine kritische Auseinandersetzung der Prophezeiungen aus Daniel: vgl. Robert C. Newman: „Fullfilled Prophecy As Miracle". In: R. Douglas Geivett/Gary R. Habermas (Hg.): *In Defense of Miracles.* Downers Grove, Ill.: InterVarsity Press, 1997. S. 214–215.

[30] Mehr über die Prophezeiungen im Buch Daniel: Michael L. Brown: *Answering Jewish Objections to Jesus: General and Historical Objections; Answering Jewish Objections to Jesus: Messianic Prophecy Objections; Answering Jewish Objections to Jesus: Theological Objections.* Grand Rapids: Baker Books.

[31] Stan Telchin: *Betrayed!* Grand Rapids: Chosen, 1982.

[32] Lukas 24,44

[33] Die ausführlichen Interviews mit Craig, Habermas und Moreland zu diesem Thema finden Sie in Lee Strobel: *Die Auferstehung Christi. Mythos oder Wahrheit?* Asslar: Gerth Medien, 2004.

[34] 2. Korinther 5,17

Dieses Buch ist ein Auszug aus: „Der Fall Jesus“.

Die amerikanische Originalausgabe erschien im Verlag Zondervan,
3900 Sparks Dr. SE, Grand Rapids, Michigan 49546, unter dem Titel
„The Case for Christmas“. Published by arrangement with
HarperCollins Christian Publishing, Inc.
© 1998, 2005 by Lee Strobel
© 2006, 2022 der deutschen Ausgabe by Gerth Medien in der
SCM Verlagsgruppe GmbH, Dillerberg 1, 35614 Asslar

1. Auflage der Nachauflage 2022
Bestell-Nr. 817926
ISBN 978-3-95734-926-2

Umschlaggestaltung: Andreas Sonnhüter; grafikbuero-sonnhueter.de
Umschlagmotiv: Jeffery Edwards; shutterstock.com
Satz: Apel Verlagsservice, Celle
Druck und Verarbeitung: GGP Media GmbH, Pößneck
Printed in Germany

www.gerth.de